백유경

불교경전 ❿

백 유 경
(百喩經)

백 가지의 비유 • 현 각 譯

민족사

백유경

차 례

1. 소금만 먹은 사람 ···13
2. 말라버린 소젖 ···14
3. 배(梨)에 맞아 상처난 머리 ·······························16
4. 거짓으로 죽은 여자 ······································18
5. 목마른 사람의 어리석음 ··································20
6. 두 아들을 죽인 아버지 ···································22
7. 재물 때문에 형이라 부른 남자 ·····························24
8. 스스로 붙잡힌 도적 ······································26
9. 아들의 자랑 ··28
10. 삼층 누각 ···30
11. 자식을 죽인 바라문 ·····································32
12. 석밀을 달이는 사람 ·····································34
13. 자기 허물을 모르는 사람 ································36
14. 상인들의 어리석음 ······································38
15. 어떤 왕의 어리석음 ·····································40

16. 사탕수수를 망친 사람 42
17. 반 푼의 빚과 네 냥의 손해 44
18. 다락을 오르락거린 비유 45
19. 물에 금을 긋는 사람 46
20. 백 냥의 살과 천 냥의 살 48
21. 외아들을 죽인 여자 50
22. 물에 젖은 나무로 숯을 만든 사람 52
23. 비단과 낡은 베옷 54
24. 참깨를 볶아서 심은 사람 55
25. 불과 물을 한꺼번에 잃어버린 사람 56
26. 실룩거리는 왕의 눈 57
27. 말똥을 상처에 바른 사람 59
28. 부인의 코를 자른 남편 61
29. 베옷을 불사른 어리석은 사람 63
30. 양치는 사람의 어리석음 65
31. 옹기장이 대신 나귀를 사 온 제자 67
32. 금을 훔친 장사꾼 69
33. 나무를 베어버린 사람 70

34. 이백 리 길을 백이십 리로 줄여준 임금 ······ 72
35. 거울 속의 자기(自己) ······ 74
36. 도인의 눈을 뽑아 온 대신 ······ 76
37. 소 떼를 죽여버린 사람 ······ 78
38. 나무통에게 화낸 어리석은 사람 ······ 79
39. 남의 집 담벽 ······ 81
40. 대머리로 고민한 의사 ······ 83
41. 두 귀신의 다툼 ······ 85
42. 낙타 가죽과 비싼 천 ······ 87
43. 돌을 갈아 소를 만든 사람 ······ 89
44. 떡 반 개에 배부른 사람 ······ 90
45. 대문과 나귀와 밧줄만 지킨 하인 ······ 92
46. 소를 훔친 사람 ······ 94
47. 말하는 원앙새 ······ 96
48. 부러진 나뭇가지에 얻어맞은 여우 ······ 98
49. 털 한 줌을 놓고 다툰 어린 아이 ······ 99
50. 두 눈알이 튀어나온 의사 ······ 101
51. 매맞는 계집종 ······ 102

52. 왕의 거짓말 ·· 104
53. 스승의 두 다리를 부러뜨린 제자 ···································· 105
54. 뱀의 머리와 꼬리가 서로 다툰 이야기 ·························· 106
55. 왕의 수염 깎기를 택한 사람 ·· 107
56. 없는 물건을 청한 사람 ·· 109
57. 발로 장자의 입을 친 하인 ·· 111
58. 동전을 둘로 나눈 형제 ·· 113
59. 오지병을 구경하다가 보물을 놓친 사람 ······················ 115
60. 물 속의 금 그림자 ·· 117
61. 누가 만물을 만들었나 ·· 119
62. 꿩 한 마리만 먹은 환자 ·· 121
63. 가짜 귀신에 놀란 사람들 ·· 123
64. 문을 밀고 당긴 두 사람 ·· 125
65. 독이 든 약 ·· 127
66. 말로만 배를 잘 운전하는 사람 ·· 131
67. 떡 하나 때문에 도둑맞은 부부 ·· 133
68. 남을 해치려다 손해 본 사람 ·· 135
69. 음식을 급히 먹는 남편 ·· 137

70. 과일을 일일이 맛보고 사는 사람 ─── 139
71. 두 아내 때문에 실명한 남자 ─── 141
72. 입이 찢어진 사람 ─── 142
73. 거짓말의 결과 ─── 144
74. 거짓으로 목욕한 브라만 ─── 146
75. 낙타와 독을 모두 잃은 사람 ─── 148
76. 공주를 사모한 농부 ─── 150
77. 나귀의 젖을 짜 마신 사람들 ─── 152
78. 아버지와 아들의 약속 ─── 154
79. 서른 여섯 개의 상자를 짊어진 신하 ─── 156
80. 엉뚱한 약을 먹은 사람 ─── 158
81. 선인(仙人)을 보고 활을 쏜 아버지 ─── 160
82. 두 개의 다리를 여덟 개로 늘린 농부 ─── 162
83. 어린애를 미워한 원숭이 ─── 164
84. 월식할 때 개를 때리는 비유 ─── 165
85. 눈병이 무서워 눈을 없애버린 사람 ─── 166
86. 귀고리 때문에 아들의 목을 잘라버린 아버지 ─── 168
87. 도둑이 훔친 재물 ─── 170

88. 한 개의 콩 때문에 많은 콩을 잃은 원숭이 — 172
89. 금족제비와 독사 — 173
90. 돈 주머니를 얻은 사람 — 175
91. 가난한 사람의 헛된 욕심 — 177
92. 환희환을 먹은 어린 아이 — 179
93. 곰에게 붙잡힌 노파의 꾀 — 180
94. 마니구멍의 비유 — 182
95. 어리석은 수비둘기 — 184
96. 제 눈을 멀게 한 장인 — 186
97. 비단옷과 순금을 모두 빼앗긴 사람 — 187
98. 어린 아이가 큰 거북을 얻은 비유 — 189

백유경 해설 — 193

백유경

1. 소금만 먹은 사람

옛날 어떤 어리석은 사람이 있었다. 그는 어느 날 남의 집에 가서 그 집 주인이 주는 음식을 먹고, 싱거워 맛이 없다고 불평하였다.

주인이 그 말을 듣고 음식에 소금을 넣어주었다. 그는 소금을 넣은 음식을 맛있게 먹고는 생각하였다. '음식이 맛있는 것은 소금 때문일 것이다. 조금만 넣어도 맛이 나는데 하물며 많이 넣을 때와 견주겠는가'고.

그리하여 그는 무지하게도 소금만 먹었다. 그 결과 입맛이 틀어져 도리어 병이 나고 말았다.

그것은 마치 외도들이 음식을 절제해서 도를 얻을 수 있다는 말을 듣고, 7일 또는 보름 동안 음식을 끊은 결과, 배만 고파지고 깨달음을 얻는데는 아무런 이익이 없는 것과 같다.

저 어리석은 사람이 소금이 맛있다고 생각하여 그것만 먹어 결국은 병이 난 것처럼 이것도 그와 같다.

2. 말라버린 소젖

　옛날 어떤 사람이 하루는 손님을 청하여 소의 젖을 모아 대접하려 생각하였다.
　그는 이렇게 생각했다.
　'내가 날마다 미리 소젖을 짜두면 소젖은 점점 많아져 둘 곳이 없을 것이다. 또한 맛도 변해 못 쓰게 될 것이다. 그보다는 소젖을 소 뱃 속에 그대로 모아 두었다가 필요한 때에 한꺼번에 짜는 것이 낫겠다.'
　그리고는 곧 어미소와 새끼소를 따로 떼어 두었다.
　한 달이 지난 후 손님을 초대하였다. 잔치를 베풀고 소를 끌고 와서 젖을 짜려고 하였다. 그런데 그 소의 젖은 어찌된 일인지 말라 없어져 버렸다.
　그러자 손님들은 성을 내거나 혹은 그의 어리석음을 비웃었다.

　어리석은 사람의 생각도 이와 같아서, '내게 재물이 많이 쌓인 뒤에 한꺼번에 보시하리라' 생각한다. 그러나 재물을 모으기도 전에 수재나 화재, 혹은 도적을 당하거나 혹은 갑자기 목숨을 마치는 때도 있다. 때문에 적절한 시기에 보시하지 못한다. 그도 또한 저와 같은 것이다.

3. 배(梨)에 맞아 상처난 머리

옛날 머리에 털이 없는 사람이 있었다.

그때 다른 사람이 배(梨)를 가지고 와서 그의 머리를 때렸다. 두세 번을 치니 상처가 났다. 그런데도 그는 가만히 참으면서 피할 줄을 몰랐다.

옆에 있던 사람이 그것을 보고 말하였다.

"왜 피하지 않고 가만히 맞기만 하여 머리를 상하게 하는가."

그는 대답하였다.

"저 사람은 힘을 믿어 교만하고 어리석어 지혜가 없다. 그는 내 머리에 털이 없는 것을 보고 돌이라 생각하여, 배를 가지고 내 머리를 때려 상처를 낸 것이다."

그러자 옆에 있던 사람이 말하였다.

"네가 어리석은데 왜 그를 어리석다고 하느냐. 네가 어리석지 않다면 왜 남에게 얻어맞으며 또 머리에 상처를 입으면서도 왜 피할 줄 모르는가."

비구도 그와 같다. 믿음과 계율과 들음과 지혜를 닦지 않고 오직 위엄만 갖추고 이익만을 기다리고 있다.

그것은 마치 어리석은 사람이 남에게 머리를 맞고도 피할 줄을 모르는 것과 같고 또한 머리에 상처를 입고도 도리어 남을 어리석다고 하는 것과 같다.

4. 거짓으로 죽은 여자

 옛날 한 어리석은 사람이 있었다.
 그는 아름다운 부인을 두어 마음으로 매우 사랑하고 소중히 여겼다.
 그러나 그 부인은 진실하지 못하여 사는 동안에 다른 남자와 정을 통하고 음탕한 마음을 걷잡지 못하여 제 남편을 버리고 다른 남자에게로 가려고 하였다.
 그리하여 어떤 노파에게 은밀하게 말했다.
 "내가 떠난 뒤에 어떤 여자의 시체라도 좋으니 그 시체를 가져다가 우리집 방에 두고 내 남편에게 말하시오. '나는 이미 죽었다'고."
 노파는 그 여자의 남편이 없는 때를 엿보아 한 여자의 시체를 그 집으로 가지고 갔다. 그리고 그 남편이 집으로 돌아왔을 때 노파는 그에게 말했다.
 "네 아내는 이미 죽었다."
 남편은 시체를 보자 그것이 자기 아내라고 믿고 슬피 울면서 괴로워했다. 그는 장작을 쌓고 기름을 부어 시체를 태우고는 그 뼈가루를 자루에 담아 밤낮으로 안고 있었다.

그 뒤 아내는 뭇남자들이 싫어져 집으로 돌아와 남편에게 말했다.

"내가 당신의 아내입니다."

남편은 대답했다.

"내 아내는 벌써 죽었다. 너는 누구인데 내 아내라고 거짓말을 하는가."

그 아내는 두 번 세 번 거듭 말했으나 남편은 결국 믿지 않았다.

이것은 외도들이 다른 사람의 삿된 말을 듣고 마음이 미혹하여 그것을 진실이라 생각한 나머지 고치지 않고 바른 법을 들어도 그것을 믿고 받들지 않는 것과 같다.

5. 목마른 사람의 어리석음

옛날 미련한 사람이 있었다. 그는 어리석어 지혜가 없었다.

어느 날 그는 매우 목이 말라 물을 찾았다. 더운 때 강물 위의 아지랑이를 보고는 그것을 물이라 생각하고 곧 신두강으로 달려갔다. 그러나 막상 강에 이르러서 그는 바라만 볼 뿐 도무지 물을 마시려고 하지 않았다.

그러자 옆 사람이 말했다.

"너는 몹시 목이 말라 물을 찾더니 지금 강에 왔는데 왜 물을 마시지 않는가."

그가 대답했다.

"그대가 다 마시고 나면 내가 마시겠다. 이 물이 너무 많아 한꺼번에 다 마실 수 없기 때문이다."

사람들은 그 말을 듣고 모두 크게 비웃었다.

그것은 비유하면 이렇다.

편벽된 외도들이 자기는 부처님 계율을 가질 수 없다

고 생각하여 그것을 받으려 하지 않는다. 그리하여 도를 얻지 못하고 생사에 떠돌게 되는 것과 같다.

  저 어리석은 사람이 물을 보고도 마시지 않아 사람들의 비웃음을 사는 것도 그와 같은 것이다.

6. 두 아들을 죽인 아버지

　옛날 어떤 어리석은 사람이 일곱 명의 아들을 길렀는데 첫째 아들이 먼저 죽었다. 그는 아들이 죽은 것을 보고 그대로 집에 버려 둔 채 떠나려 하였다.
　옆의 사람이 그에게 말하였다.
　"살고 죽는 길이 다른데 빨리 먼 곳에 보내어 장사지내는 것이 마땅하거늘 왜 집에 버려 둔 채 떠나려 하는가."
　어리석은 사람은 이 말을 듣고 가만히 생각하였다.
　'만약 집에 두지 않고 꼭 장사지내야 한다면 마땅히 아들 하나를 또 죽여 두 머리를 메고 가는 것이 보다 운치있는 일일 것이다'고.
　그리하여 그는 곧 다른 아들 하나를 더 죽여 먼 숲에 두 아들을 장사지냈다.
　사람들은 그것을 보고 매우 비방하며 일찍이 없었던 일이라고 괴상히 여겼다.

그것은 비유하면 마치 이렇다.

어떤 비구가 남몰래 계율을 범하고도 회개하기를 꺼려 잠자코 덮어 두고는 스스로는 청정하다고 하였다. 그때 어떤 사람이 그것을 알고 그에게 말하였다.

"집을 떠난 사람은 계율을 마치 진주를 보호하듯 하여 이지러짐이 없어야 하거늘 너는 왜 지금 계율을 범하고도 참회하지 않는가."

그러자 그가 대답하였다.

"진실로 참회할 바에는 다시 한 번 더 범한 뒤에 참회하리라."

그리하여 그는 계율을 깨뜨리면서 선하지 않은 짓을 많이 하고서야 비로소 남에게 알렸다.

그것은 마치 저 어리석은 사람이 한 아들이 죽으니 또 한 아들을 죽이는 것과 같은 것이다.

7. 재물 때문에 형이라 부른 남자

　옛날 얼굴도 잘생기고 지혜로우며, 재물도 많은 사람이 있었다.
　온 세상 사람들이 모두 그를 찬양하였다.
　그 때 어떤 어리석은 사람이 그를 '내 형님'이라고 불렀다. 그 까닭은 그에게 있는 많은 재물을 필요할 때에 얻어 쓰기 위함이었다. 그러나 자신이 재물을 얻어 쓸 필요가 없게 되자 그는 '내 형이 아니다'라고 하였다.
　옆의 사람이 그에게 말하였다.
　"너는 어리석은 사람이다. 재물이 필요할 땐 그를 형으로 삼더니 필요없게 되자 다시 형이 아니라고 말하다니."
　그는 대답하였다.
　"나는 그의 재물을 얻기 위해 그를 형이라고 했지만 실제는 내 형이 아니기 때문에 얻어 쓸 재물이 필요없게 되었을 때는 형이 아니라고 한다."

사람들은 이 말을 듣고 모두 그를 비웃었다.

그것은 마치 외도들이 부처님의 좋은 말씀을 듣고는 가만히 훔쳐다 자기 것으로 삼아 쓰다가 옆의 사람이 그대로 수행하라고 하면, 오히려 이렇게 말하는 것과 같다.
"나는 이양(利養)을 위하여 저 부처의 말을 끌어와 중생을 교화하지만 실제의 사실이 아닌데 어떻게 그대로 수행하겠는가."

그것은 마치 어리석은 사람이 재물을 얻기 위하여 남을 내 형이라 하다가 재물을 얻을 필요가 없게 되자 다시 형이 아니라고 하는 것과 같은 것이다.

8. 스스로 붙잡힌 도적

옛날 어떤 도적이 있었다.
그는 나라의 창고에서 물건을 훔쳐 멀리 도망갔다.
그러자 왕은 사방으로 병사를 파견하여 그를 잡아 왔다.
왕은 그가 입은 옷의 출처를 캐물었다.
그는 말하였다.
"이 옷은 우리 조부 때의 물건입니다."
왕은 그 옷을 다시 입어 보라고 하였다. 그러나 그 옷은 본래부터 그가 입던 옷이 아니었기 때문에 입을 줄을 몰랐다. 손에 있을 것을 다리에 끼고 허리에 있을 것을 머리에 썼다.
왕은 그것을 보고 대신들을 모아 그 일을 밝히기 위해 그에게 말하였다.
"만일 그것이 너의 조부 때부터 내려온 옷이라면 입을 줄 알아야 할 것이다. 왜 위아래를 뒤바꾸는가. 입을 줄 모르는 것을 보면 확실히 그 옷은 도둑질한 것이다."

 이것을 비유한다면 이렇다. 왕은 부처님과 같고 보배창고는 법과 같다. 또한 어리석은 도적은 저 외도들처럼 부처님 법을 훔쳐 들고 그것이 자기들의 것이라 생각한다. 그러나 그것을 알지 못하기 때문에 부처님의 법을 펼 때에 아래위를 모르는 것처럼 법의 모양을 모른다.
 그것은 마치 저 도적이 왕의 옷을 얻고도 그 입는 방법을 알지 못해 뒤바꾸어 입는 것과 같다.

9. 아들의 자랑

옛날 어떤 사람이 여러 사람 앞에서 자기 아버지의 덕을 찬탄하며 이렇게 말하였다.

"우리 아버지는 인자하여 남을 해치지 않고 말이 진실하고 또 보시를 행하신다."

그때 이 말을 듣고 있던 한 어리석은 사람이 곧 이렇게 말하였다.

"우리 아버지의 덕행은 네 아버지보다 낫다."

사람들은 물었다.

"어떤 덕행이 있는가 말해 보라."

그는 대답하였다.

"우리 아버지는 어릴 때부터 음욕을 끊어 조금도 더러움이 없다."

사람들은 말하였다.

"만일 음욕을 끊었다면 어떻게 너를 낳았겠는가."

그리하여 그는 사람들로부터 비웃음을 샀다.

그것은 세상의 무지한 사람들이 남의 덕을 칭찬하려다가 그 사실을 제대로 알지 못하여 도리어 욕을 먹게 되는 것처럼 저 어리석은 사람도 그 아버지를 찬탄하려다 말을 잘못한 것과 같다.

10. 삼층 누각

미련한 부자가 있었다. 그는 어리석어 아무것도 아는 것이 없었다.

그가 다른 부자집에 가서 3층 누각을 보았다. 높고 넓으며 웅장하고 화려하며 시원하고 밝았다. 그는 무척 부러워하며 이렇게 생각하였다.

'내 재물은 저 사람보다 뒤지지 않는다. 그런데 왜 나는 지금까지 이런 누각을 짓지 않았던가.'

그리고는 곧 목수를 불러 물어 보았다.

"저 집처럼 아름다운 집을 지을 수 있겠는가."

"그것은 내가 지은 집입니다." 목수는 대답하였다.

"지금 나를 위해 저런 누각을 지어라."

목수는 곧 땅을 고르고 벽돌을 쌓아 누각을 지었다.

그는 벽돌을 쌓아 집 짓는 것을 보고 의혹이 생겨 목수에게 물었다.

"어떤 집을 지으려는가."

"3층 집을 지으려 합니다." 목수가 대답하였다.

그러자 그는 말하였다.

"나는 아래 두 층은 가지고 싶지 않다. 먼저 제일 위 층을 지어라."

목수는 대답하였다.

"아래층을 짓지 않고 어떻게 둘째 층을 지을 수 있으며, 둘째 층을 짓지 않고 어떻게 셋째 층을 지을 수가 있겠습니까."

그러나 그는 고집스럽게 대꾸하였다.

"지금 내게는 아래 두 층은 필요없다. 맨 위층을 먼저 지어라."

그때 사람들은 이 말을 듣고 모두 비웃으면서 말했다.

"어떻게 맨 아래층을 짓지 않고 위층을 짓겠는가."

비유하면 이렇다.

부처님을 따르는 제자가 삼보(三寶)를 공경하지 않고, 놀고 게으름을 피우면서 깨달음을 구한다.

그리고 이렇게 생각하는 것이다.

'나는 지금 아래 세 가지 결과는 필요없고, 오직 아라한의 결과만을 구하고 싶다'고.

그가 세상 사람들의 비웃음을 받는 것은 저 어리석은 부자와 다름이 없을 것이다.

....
삼보(三寶) : 불〔부처님〕· 법〔가르침, 경전〕· 승〔스님〕.

11. 자식을 죽인 바라문

　옛날 어떤 바라문이 스스로 많은 것을 안다고 하였다. 하늘의 별을 보고 미래를 알며 갖가지 기예를 밝게 통달했다고 하였다. 그래서 자기의 재주를 믿고 그 덕을 나타내려고, 다른 나라에 가서 자식을 안고 울고 있었다.
　어떤 사람이 그에게 물었다.
　"그대는 왜 우는가."
　그는 말하였다.
　"이제 이 아이는 이렛만에 죽을 것이다. 일찍 죽는 것이 가여워 우는 것이다."
　그들은 말하였다.
　"사람의 병은 알기 어려워 실수하기 쉽다. 혹 이렛만에 죽지 않을지도 모르는데, 왜 미리 우는가."
　그는 말하였다.
　"해와 달이 어두워지고 별들이 떨어지는 일이 있더라도 내 예언은 틀림없을 것이다."

그는 자기의 예언을 입증하기 위해 이렛째가 되자 스스로 자식을 죽여, 자기가 한 말을 입증하였다.

세상 사람들은 이레 뒤에 그 아이가 죽었다는 말을 듣고 모두 고개를 끄덕이며, "참으로 지혜있는 사람이다. 그의 말이 맞았다"고 탄복하면서 마음으로 믿고 우러러 모두 와서 공경하였다.

그것은 마치 이와 같다.
부처님의 네 무리 제자들이 자기의 이익을 위하여 도를 얻었다고 자칭하면서 어리석은 사람의 법으로 선남자를 죽이고 거짓으로 자비의 덕을 나타낸다.

그것 때문에 장래에 한량없는 고통을 받게 되니 마치 저 바라문이 자기 말을 입증하기 위해, 자기 자식을 죽여 세상을 현혹시키는 것과 같다.

・・・・・・・・・・・・・
바라문 : 인도 4계급 중의 최고의 계급. 주로 제사의식을 담당하며 성직자, 신의 후예라고 여겨졌다.

12. 석밀을 달이는 사람

 옛날 어떤 어리석은 사람이 검은 석밀(石蜜)장을 불 위에 얹어 놓고 달이고 있었다.
 때마침 어떤 사람이 그 집에 가게 되었다.
 그러자 그 어리석은 사람은 '나는 이 석밀장을 그에게 주리라'고 생각하였다.
 그리하여 불 속에 물을 조금 떨어뜨리고 부채로 불 위를 부치면서 석밀장이 식어지기를 기다렸다.
 옆에 있던 사람이 말하였다.
 "밑불이 꺼지지 않았는데, 부채로 부친다고 식겠는가."
 사람들은 모두 비웃었다.

 그것은 마치 외도가 왕성한 번뇌의 불을 끌 수 없는 것과 같다. 어찌 외도가 번뇌의 불을 끌 수 있겠는가.
 곧 얼마간의 고행을 행하며 때론 가시덤불 위에 눕거나 혹은 다섯 가지 불로 몸을 지지면서 맑고 시원하며 고요한 도를 구하더라도 그것은 한갓 지혜로운 이의 비웃음을 받을 뿐 현재의 괴로움을 미래로 돌려 보내는 것과 같다.

••••••••••••
석밀(石蜜) : 산 속의 자연생 꿀.

13. 자기 허물을 모르는 사람

옛날 어떤 사람이 여러 사람들과 함께 방 안에 앉아서 밖에 있는 어떤 사람의 흉을 보고 있었다.

"그 사람은 오직 두 가지 허물이 있다. 첫째는 성을 잘 내는 것이요, 둘째는 일을 경솔히 하는 것이다."

그때 문 밖에서 이 말을 듣고 있던 그 사람은 성을 내면서 방에 들어가 그를 움켜잡고는

"이 어리석고 나쁜 사람아" 하면서 주먹으로 때렸다.

옆의 사람이 물었다.

"왜 때리는가."

그는 대답하였다.

"내가 언제 성을 잘 내며 경솔했기에 이 사람이 나를 흉보는가. 그래서 때리는 것이다."

옆의 사람이 말하였다.

"네가 성내기를 좋아하고 경솔하게 행동하는 것을 지금 바로 나타내 보여주었다. 그런데 왜 사실이 아니라고 하는가."

남이 자기의 허물을 말할 때에 원망하거나 성을 내면 여러 사람들은 그의 어리석고 미혹함을 더욱더 이상하게 여기는 것이다.

 비유하면 술을 마시는 사람이 술에 취해 거칠고 방일하다가 남의 꾸지람을 들으면 도리어 원망하고 미워하면서 증거를 끌어와 스스로 깨끗하다고 변명한다.

 저 어리석은 사람이 자기의 허물을 듣기 싫어하여 남이 말하는 것을 듣고 오히려 그를 때리려고 하는 것과 같다.

14. 상인들의 어리석음

옛날 어떤 상인들이 큰 바다를 항해하게 되었다. 바다를 항해하자면 반드시 길잡이가 있어야 했다.

그래서 그들은 길잡이 한 사람을 구하였다. 길잡이를 따라 바다로 나가는 도중에 넓은 들판에 이르렀다.

거기는 천신(天神)을 모시고 제사지내는 사람이 있었다. 그런데 사람을 죽여 천신에게 제사한 뒤에라야 비로소 지나갈 수 있었다.

상인들은 서로 의논하였다.

"우리는 모두 친한 친구다. 어떻게 죽이겠는가. 오직 저 길잡이가 제물에 적당하다."

그리하여 그들은 곧 길잡이를 죽여 제사를 지냈다. 그런데 제사를 마친 그들은 어디로 가야 할지 몰라 헤매다가 마침내 지쳐서 모두 죽고 말았다.

모든 세상 사람도 그와 같다. 법의 바다에 들어가 그 보물을 얻으려면 좋은 법의 행을 길잡이로 삼아야 하는

데, 도리어 선행을 부수고 생사의 넓은 길에서 나올 기약 없이, 세 가지 길(三惡道)을 돌아다니면서 한없는 고통을 받는다.

그것은 마치 저 장사꾼들이 큰 바다에 들어가려 하면서도 길잡이를 죽이고 나루터를 잃고 헤매다가 마침내 지쳐 죽는 것과 같다.

세 가지 길(三惡道) : 지옥·아귀·축생의 길.

15. 어떤 왕의 어리석음

옛날 어떤 국왕이 딸 하나를 낳았다.
왕은 의사를 불러 말했다.
"나를 위해 공주에게 약을 먹여 빨리 자라게 하라."
의사는 말하였다.
"나는 공주님께 약을 먹여 곧 크게 할 수는 있습니다. 그러나 지금 당장은 그 약을 구할 방법이 없습니다. 그 약을 얻을 때까지 왕께서는 공주님을 보지 마십시오. 약을 쓴 뒤에 왕께 보여드리겠습니다."

의사는 곧 먼 곳에 가서 약을 구해오겠다고 하였다. 그리고는 12년이 지난 뒤에 약을 얻어 가지고 돌아와 공주에게 주어 먹게 한 뒤에 왕에게 데리고 가서 보게 하였다.

왕은 그것을 보고 기뻐하면서 말하였다.
"참으로 훌륭한 의사다. 공주에게 약을 주어 갑자기 자라게 하다니."

왕은 좌우에 명령하여 그에게 보물을 주었다.

그 이야기를 들은 사람들은 모두 왕의 무지를 비웃었다.

"공주가 12년 동안 자란 것은 알지 못하고 그 장성한 것만을 보고 약의 힘이라고 말한다."

세상 사람들도 그와 같아서 선지식을 찾아가 말하기를,

"나는 도를 구하려고 합니다. 원컨대 나를 가르쳐 당장 선지식이 되게 하소서" 한다.

스승은 방편으로 그로 하여금 좌선하면서 열 두 가지 인연〔十二因緣〕을 관(觀)하게 하고, 차츰 온갖 덕을 쌓아 아라한(阿羅漢)이 되게 한다.

그러면 그는 크게 기뻐한다.

"훌륭하시다. 큰 스승님은 나로 하여금 가장 빨리 묘한 법을 증득하게 하셨다"고.

••••••••••••
아라한(阿羅漢) : 소승불교의 최고의 성자.

16. 사탕수수를 망친 사람

옛날 두 사람이 사탕수수를 심으면서 서로 맹세하였다.

"좋은 종자를 심은 사람에게는 상을 주고 좋지 못한 종자를 심은 사람에게는 무거운 벌을 주자."

그때 그 중 한 사람은 이렇게 생각하였다.

'사탕수수는 아주 달다. 만일 즙을 짜서 그 나무에 다시 주면 그 맛은 다른 것보다 뛰어날 것이다.'

그리하여 곧 사탕수수를 눌러 그 즙을 짜서 나무에 쏟고는 맛이 좋아지기를 기대하였다.

그러나 도리어 그 종자만 못 쓰게 되고 많은 사탕수수를 잃어버리고 말았다.

세상 사람들도 그와 같아서 재물과 권력을 위해 힘을 다하고, 세력을 빙자하여 백성들을 협박하고 재물을 빼앗는다. 그리하여 그것으로 복의 근본을 지어 놓고는 좋은 결과를 기대한다.

그것은 마치 사탕수수를 짜서 이것저것 모두 잃어버리는 것과 같다.

17. 반 푼의 빚과 네 냥의 손해

옛날 어떤 상인이 남에게 돈 반 푼을 빌려 쓰고 오랫동안 갚지 못하였다.

그는 빚을 갚으러 떠났다.

그 앞 길에는 큰 강이 있었다. 배삯으로 두 냥을 주어야 건너갈 수 있었다.

그는 빚을 갚으려고 갔으나 때마침 사람을 만나지 못하고 강을 건너 돌아오면서 또 두 냥을 써 버렸다. 그리하여 그는 반 푼 빚을 갚으려다 도리어 네 냥의 돈을 손해 보고 말았다. 진 빚은 극히 적었으나 손해는 아주 많아 결국 여러 사람들의 비웃음만 당하였다.

세상 사람도 그와 같다. 작은 명예와 이익을 구하다가 도리어 큰 손실을 보게 되나니, 제 몸을 위하여 예의를 돌아보지 않으면, 현재에는 허명을 얻고 미래에는 괴로움의 갚음을 받는다.

18. 다락을 오르락거린 비유

옛날 어떤 가난한 사람이 왕을 위해 오랫동안 일하였기 때문에 이제는 늙고 야위었다.

왕은 그를 가엾이 여겨 죽은 낙타 한 마리를 주었다.

그는 그 낙타의 가죽을 벗기려 하였으나 칼이 무디었기 때문에 숫돌에 칼을 갈아야 했다.

그는 다락 위에 올라가 숫돌에 칼을 갈아 다시 밑으로 내려와 가죽을 벗겼다.

자주 오르내리면서 칼을 갈다 몹시 피로해졌다. 그래서 오르내리지 않고 낙타를 다락에 달아 두고 숫돌에 칼만 갈았다. 이를 본 사람들은 그를 비웃었다.

비유하면 그것은 어리석은 사람이 계율을 깨뜨리면서도 재물을 많이 취하여 그것으로 복을 닦아 하늘에 나기를 바라는 것과 같다.

낙타를 달아 두고 다락에 올라가 칼을 가는 것처럼 애는 많이 쓰나 소득은 매우 적은 것과 같다.

19. 물에 금을 긋는 사람

　옛날 어떤 사람이 배를 타고 바다를 건너다가 은그릇 하나를 물에 떨어뜨려 잃어버렸다.
　그는 가만히 생각하였다.
　'지금 물에 금을 그어 표를 해둔 뒤 나중에 다시 찾자'고.
　그리하여 그는 두 달이나 걸려 사자국(師子國)에 이르렀다. 그 사람은 앞에 흐르는 물을 보고 곧 들어가 전에 잃은 은그릇을 찾으려 하였다.
　사람들이 물었다.
　"어쩌려고 그러는가."
　그는 대답하였다.
　"나는 전에 은그릇을 잃었는데 지금 그것을 찾으려 한다."
　"어디서 잃었는가."
　"처음으로 바다에 들어와 잃었다."
　"잃은 지 얼마나 되었는가."

"잃은 지 두 달 되었다."

"잃은 지 두 달이나 되었는데 어떻게 찾겠는가."

"내가 은그릇을 잃었을 때에 물에 금을 그어 표를 해 두었는데 전에 표해 둔 물이 이 물과 다름이 없다. 그래서 찾는 것이다."

"물은 비록 다르지 않지마는 너는 전에 저기서 잃었는데, 지금 여기서 찾은들 어떻게 찾겠는가."

이에 사람들은 모두 크게 웃었다.

그것은 외도들이 바른 행을 닦지 않고, 선과 비슷한 것을 닦다가 중간에 잘못 생각하여 괴로워하면서 해탈을 구하는 것과 같다. 마치 저 어리석은 사람이 저기서 은그릇을 잃고 여기서 찾는 것과 같다.

20. 백 냥의 살과 천 냥의 살

옛날 어떤 사람이 왕의 허물을 말하였다.

"왕은 매우 포악하여 다스리는 것이 이치에 맞지 않다"고.

왕은 그 말을 듣고 매우 화를 냈다. 그러나 누가 그런 말을 하였는가를 끝까지 조사하지 않고, 곁에서 아첨하는 사람의 말만 믿고 어진 신하를 잡아 매달고 등에서 백 냥 가량의 살을 베어 내었다.

어떤 사람이 그가 그런 말을 하지 않았다고 증명하자, 왕은 마음으로 뉘우치고 천 냥 가량의 살을 구해와 그의 등에 기워 주었다. 밤이 되자 그는 신음을 하며 매우 괴로워하였다.

왕은 그 소리를 듣고 물었다.

"왜 그리 괴로워하는가. 너의 백 냥 가량의 살을 베고 그 열 배를 주었는데 그래도 만족하지 않은가, 왜 괴로워하는가."

그는 대답하였다.

"대왕이 만일 아들의 머리를 베었다면 비록 천 개의 머리를 얻더라도, 아들은 죽음을 면하지 못할 것입니다. 저 또한 비록 열 배의 살을 얻었지만 이 고통을 면할 수가 없습니다."

어리석은 사람도 그와 같아서 내생을 두려워하지 않고 현세의 즐거움만 탐하여 중생을 몹시 괴롭히고 백성들의 재물을 많이 짜내어 죄를 없애고 복의 갚음을 바라는 것이다.

그것은 마치 왕이 사람의 등살을 베어 낸 뒤에 다른 살로 기워 놓고 그가 괴로워하지 않기를 바라지만 그렇게 될 수 없는 것과 같다.

21. 외아들을 죽인 여자

　옛날 어떤 부인이 있었다. 그는 처음으로 아들을 낳고 다시 아들을 낳고자 다른 부인에게 물었다.
　"누가 나로 하여금 다시 아들을 두게 하겠는가."
　어떤 노파가 말하였다.
　"내가 능히 아들을 얻게 해 줄 터이니 하늘에 제사하라."
　부인은 물었다.
　"그 제사에는 어떤 물건을 써야 합니까."
　노파는 말하였다.
　"너의 아들을 죽여 그 피로 하늘에 제사하면 반드시 많은 아들을 얻을 것이다."
　부인은 그 노파의 말에 따라 아들을 죽이려 하였다.
　옆에 있던 지혜로운 사람이 그것을 보고 꾸짖었다.
　"어찌 그처럼 어리석고 무지한가. 아직 낳지 않은 아이니 얻지 못할 수도 있는데, 그를 위해 현재의 아들을 죽이려 하는구나."

어리석은 사람들도 그와 같아서 아직 나지 않은 즐거움을 위하여 스스로 불구덩이에 몸을 던지고 갖가지로 몸을 해치면서 천상에 나게 될 것이라고 말한다.

22. 물에 젖은 나무로 숯을 만든 사람

    옛날 어떤 장자의 아들이 있었다.
    그는 바다에 들어가 여러 해 동안 물에 잠겨 있던 나무를 건져내어 수레에 싣고 집으로 돌아왔다. 그리고는 다시 그것을 시장에 내다 팔려고 하였다.
    그러나 값이 비쌌기 때문에 얼른 사는 사람이 없었다.
    여러 날이 지났으나 팔지 못하여 마음은 괴롭고 몸도 피로하였다.
    옆 사람이 숯을 파는데 당장 그 값을 받는 것을 보고 가만히 생각하였다.
    '차라리 이것을 태워 숯을 만들어 빨리 그 값을 받는 것이 낫겠다.'
    그리하여 그것을 태워 숯을 만들어 시장에 나가 팔았다. 그러나 반 수레의 숯값밖에 받지 못하였다.

    세상의 어리석은 사람도 그와 같다.

한량없는 방편으로 부지런히 정진하여 부처의 결과를 구하다가 그것을 얻기 어렵다고 하여 곧 물러나서, 차라리 마음을 내어 성문(聲聞)의 결과를 구하여, 빨리 생사를 끊고 아라한이 되는 것보다 못하다'고 하는 것과 같은 것이다.

23. 비단과 낡은 베옷

　옛날 한 도적이 부자집에 들어가 비단을 훔쳐 그것으로 낡은 베옷과 갖가지 재물을 샀다.
　그래서 지혜로운 사람의 웃음거리가 되었다.

　세상의 어리석은 사람들도 그와 같다.
　믿는 마음이 있어 부처님의 법 안에 들어가 선한 법과 온갖 공덕을 닦다가 이익을 탐하여 청정한 계율과 온갖 공덕을 부수어 세상의 웃음거리가 되는 것이다.

24. 참깨를 볶아서 심은 사람

옛날 어떤 어리석은 사람이 깨를 날로 먹었는데 맛이 없었다. 그래서 깨를 볶아 먹었더니 매우 맛이 있었다.
그는 생각하였다.
'차라리 볶아서 땅에 심어 키운 뒤에 맛난 것을 얻는 것이 좋겠다'고.
그리하여 볶아서 심었다. 그러나 볶은 참깨에서 싹이 날 리가 없었다.

세상 사람도 그러하다.
보살로서 오랜 겁 동안 어려운 행을 닦다가, 그것이 즐겁지 않다 하여 '차라리 아라한이 되어 빨리 생사를 끊으면 그것이 차라리 쉽겠다'고 생각한다.
그리하여 부처의 결과를 구하려 하던 것이 끝내는 아무런 결과를 얻지 못한다.
그것은 저 볶은 종자가 다시 날 이치가 없는 것처럼 세상의 어리석은 사람도 또한 그와 같다.

25. 불과 물을 한꺼번에 잃어버린 사람

옛날 어떤 사람이 불과 찬물이 필요하여 곧 세수대야에 물을 담아 불 위에 두었다.

한참 뒤에 가보니 불은 전부 꺼졌고 찬물은 더워졌다. 그리하여 불과 찬물 두 가지를 모두 잃어버렸다.

세상 사람들도 그와 같다.

부처님 법 안에 들어가 도를 구하다가 다시 그 처자와 권속들을 생각하고, 세상 일과 다섯 가지 탐욕 때문에, 그 공덕과 계율을 잃어버린다.

탐욕을 생각하는 사람도 이와 같다.

26. 실룩거리는 왕의 눈

 옛날 어떤 사람이 왕의 환심을 사려고 다른 사람에게 물었다.
 "어떻게 하면 왕의 환심을 살 수 있겠는가?"
 그 사람이 말하였다.
 "네가 왕의 환심을 사려거든 왕의 형상을 본받아라."
 그는 왕궁에 가서 왕의 눈이 실룩거리는 것을 보고 그것을 본받아 똑같이 눈을 실룩거렸다.
 왕이 물었다.
 "너는 무슨 눈병에 걸렸는가. 혹은 바람을 맞았는가. 왜 눈을 실룩거리는가?"
 그는 대답하였다.
 "저는 눈을 앓지도 않고 또 바람도 맞지 않았습니다. 다만 왕의 환심을 사려고 그것을 본받은 것입니다."
 왕은 이 말을 듣고 곧 크게 화를 내어 사람을 시켜 갖가지로 벌을 준 뒤에 나라에서 쫓아내버렸다.

세상 사람들도 그러하여 법을 듣거나 혹은 글귀에 조금이라도 이상한 문구가 있으면 곧 그것을 비방하거나 헐뜯는다.

그 때문에 부처님 법 안에서도 선(善)한 것을 잃어버리고 세 갈래 나쁜 길[삼악도]에 떨어지는 것이니 저 왕의 실룩거리는 눈을 본받은 사람과 같은 것이다.

27. 말똥을 상처에 바른 사람

　옛날 어떤 사람이 왕에게 매를 맞았다. 그는 매를 맞고는 그 상처를 빨리 고치려고 말똥을 발랐다.
　어떤 어리석은 사람이 그것을 보고 매우 기뻐하면서 말하였다.
　"나는 확실히 치료하는 방법을 배웠다."
　그리고는 곧 집으로 돌아가 아들에게 말하였다.
　"너는 내 등을 쳐라. 좋은 치료법을 얻었는데 지금 시험해 보리라."
　아들은 아버지의 등을 쳤다.
　그러자 그는 거기에 말똥을 바르고 의기양양하였다.

　세상 사람들도 그와 같다.
　사람이 '부정관(不淨觀)을 닦으면 곧 오온(五蘊)의 몸의 부스럼을 고칠 수 있다'고 하는 말을 듣고 말하기를,
　"나는 여색(女色)과 다섯 가지 탐욕을 관하리라"고

한다.

 그러나 그 더러운 것은 보지 못하고 도리어 여색에 홀리어 생사에 흘러다니다 지옥에 떨어진다.

 세상의 어리석은 사람도 실로 이와 같다.

....

부정관(不淨觀) : 인간의 몸이 추하고 더러운 것임을 관하여 탐욕의 번뇌를 끊는 수행법.

오온(五蘊) : 물질[色]·감각[受]·생각[想]·행위[行]·의식[識]. 우리 인간은 이 다섯 가지 때문에 여러 가지 악업을 짓는다.

28. 부인의 코를 자른 남편

 옛날 어떤 사람이 있었다. 그 부인은 매우 아름다웠으나 코가 흉하였다.
 그는 밖에 나가 남의 부인의 얼굴이 아름답고 그 코도 매우 예쁜 것을 보고 생각하였다.
 '지금 저 코를 베어다 내 아내의 얼굴에 붙이면 좋지 않겠는가'고.
 그리하여 그는 곧 남의 부인의 코를 베어 가지고 집으로 돌아와 급히 부인을 불렀다.
 "당신 빨리 나오시오. 당신한테 좋은 코를 주리다."
 부인이 나오자 그는 곧 부인의 코를 베어 내고 남의 코를 그 자리에 붙였다. 그러나 코는 붙지 않았다. 그는 부인의 코만 잃어버리고 큰 고통을 주게 되었다.

 세상의 어리석은 사람들도 그와 같다.
 늙은 바라문이 세상 사람의 공경과 큰 이익을 받는 것을 보고서 "나도 저들과 다르지 않다"고, 스스로 거짓으로 일컫는다.

 그러나 그 거짓말은 죄가 되어 이익도 잃고 다시 그 행을 해치는 것이다. 그것은 마치 남의 코를 베어 스스로 해치는 것과 같다.

 세상의 어리석은 사람도 이와 같다.

29. 베옷을 불사른 어리석은 사람

옛날 어떤 가난한 사람이 남의 품을 팔아 굵은 베옷 한 벌을 사 입었다.

이웃 사람이 그에게 말하였다.

"그대는 단정한 귀족의 아들인데, 왜 이런 낡고 굵은 베옷을 입었소? 당장 그대에게 훌륭하고 아름다운 옷을 얻을 수 있는 방법을 가르쳐 드릴 터이니 내 말을 따르시오. 나는 결코 그대를 속이지 않을 것이오."

그는 기뻐하면서 그의 말을 따르기로 하였다. 그 사람은 그 앞에서 불을 피워 놓고 말하였다.

"지금 그 추한 베옷을 벗어 이 불 속에 던지시오. 그것이 탄 곳에서 훌륭하고 아름다운 옷을 얻도록 하겠소."

그는 입었던 옷을 벗어 불 속에 던졌다. 그러나 그것이 탄 자리에서 아무리 좋은 옷을 찾으려고 해도 얻을 수가 없었다.

세상 사람도 그와 같다.

과거 온갖 선한 법을 닦아 사람의 몸을 얻었는데, 그것을 보호하여 덕을 쌓고 업을 닦아야 함에도 불구하고 외도의 삿되고 나쁜 말과 헛된 욕심에 홀려 버린다.

곧 '너는 지금 내 말을 믿고 온갖 고행을 닦으라. 높은 바위에서 몸을 던지거나 불 속에 들어가라. 이 몸을 버린 뒤에는 범천에 나서 언제나 쾌락을 받을 것이다' 라고.

그 말을 따라 목숨을 버리고 죽는다면 뒤에 지옥에 떨어져 갖은 고통을 당하게 되는 것이다.

이미 사람의 몸을 잃고 아무 얻음도 없는 것은 마치 저 가난한 사람과 같다.

30. 양치는 사람의 어리석음

옛날 어떤 사람이 있었다.

그는 양을 잘 키워 양이 무려 천만 마리나 되었다. 그러나 매우 탐욕스럽고 인색하여 다른 데에는 쓰지 않았다.

그때 간사한 사람이 계교를 갖고 그 사람을 찾아가서 말하였다.

"나는 지금 너와 아주 친해 한 몸이나 다름이 없다. 나는 어떤 집에 예쁜 여자가 있는 것을 안다. 너를 위해 주선하리니 아내로 맞이하는 것이 좋을 것이다."

양치는 사람은 이 말을 듣고 매우 기뻐하여 곧 많은 양과 온갖 재물을 주었다.

그 사람은 다시 말하였다.

"네 아내가 오늘 아들을 낳았다."

양치는 사람은 아직 그 아내도 보지 못하였는데 벌써 아들을 낳았다는 말을 듣고 매우 기뻐하며 또 그에게 재물을 주었다.

그 뒤에 그 사람은 또 그에게 말하였다.
"네 아들이 태어났다가 그만 죽었다."
양치는 사람은 그만 그 말을 듣고 슬피 흐느껴 울었다.

세상 사람들도 이와 같다.
이미 많은 명예와 이익을 얻고도 그것을 숨기고 아끼며 남을 위해 교화하려고 하지 않는다. 그러다가 번뇌스러운 몸에 홀려 허망하게 세상의 향락을 기대한다. 또 그것을 자기의 처자처럼 생각하다 거기에 속아 선한 법을 모두 잃어버리고 만다.
그리하여 뒤에 자기 신명과 재물을 모두 잃고 슬피 울면서 근심하고 괴로워하는 것이니 마치 저 양치는 사람과 같다.

31. 옹기장이 대신 나귀를 사 온 제자

 옛날 어떤 스승이 큰 잔치를 베풀기 위해 제자에게 말하였다.
 "지금 질그릇을 구해 잔치에 쓰려고 한다. 지금 시장에 나가 옹기장이 한 사람을 품으로 사 오너라."
 제자는 옹기장이 집으로 갔다.
 그때 옹기장이는 질그릇을 나귀에 싣고 시장에 팔러 가다가 잠깐 사이에 나귀가 모두 질그릇을 부숴 버려, 그는 집에 돌아와 슬피 울면서 괴로워하였다.
 제자가 그것을 보고 그에게 물었다.
 "왜 그리 슬퍼하고 괴로워하십니까?"
 그는 대답하였다.
 "나는 온갖 방법으로 여러 해 동안 고생한 끝에, 비로소 그릇을 만들어 시장에 나가 팔려 하였습니다. 그런데 이 나쁜 나귀가 잠깐 사이에 모두 부숴버렸습니다. 그래서 괴로워하는 것입니다."
 그때 제자는 그 말을 듣고 기뻐하면서 말하였다.

"이 나귀야말로 참으로 훌륭합니다. 오랫동안 만든 것을 잠깐 사이에 모두 부숴버리다니. 제가 이 나귀를 사겠습니다."

옹기장이는 기뻐하며 나귀를 팔았다.

제자는 그 나귀를 타고 집으로 돌아왔다. 스승은 물었다.

"너는 옹기장이는 데려 오지 않고 나귀만 데리고 와 무엇에 쓰려는가?"

제자는 대답하였다.

"이 나귀가 그 옹기장이보다 훌륭합니다. 옹기장이가 오랫동안 만든 질그릇을 이 나귀는 잠깐 사이에 모두 부숴버렸습니다."

그때 스승은 말하였다.

"너는 참으로 미련하여 아무 지혜도 없구나. 지금 이 나귀는 부수는 데는 뛰어나지만 백 년을 두어도 그릇 하나를 만들지는 못할 것이다."

세상 사람들도 그와 같다.

천백 년 남의 공양을 받고도 조금도 그것을 갚을 줄 모르면서 항상 손해만 끼치고 끝내 이익됨이 없다.

은혜를 배반하는 사람도 그와 같다.

32. 금을 훔친 장사꾼

옛날 두 사람의 장사꾼이 함께 장사하러 갔다. 한 사람은 순금을 팔고 다른 사람은 툴라라는 솜을 팔았다.
　금을 사려는 사람이 시험하기 위해 금을 불에 태웠다. 다른 장사꾼은 곧 불에 달궈진 금을 훔쳐 툴라솜으로 싸서 숨겼다. 금이 뜨거웠기 때문에 솜은 모두 타버리고 그 바람에 금을 훔친 사실이 탄로나서 그는 두 가지를 모두 잃어버리고 말았다.

　그것은 마치 외도들이 부처님 법을 훔쳐다가 자기들 법 안에 두고 망령되이 자기들 소유라고 하며 부처님 법이 아니라고 하는 것과 같다. 외전(外典)이 모두 타버려 세상에 유행하지 않는 것은, 금을 훔쳤다가 사실이 모두 탄로난 것과 같다.

33. 나무를 베어버린 사람

옛날 어떤 국왕에게 좋은 나무 한 그루가 있었다. 그것은 키가 크고 가지가 무성하여, 장차 열매를 맺으면 향기롭고 맛있을 것 같았다.

그때 어떤 사람이 왕에게 갔다. 왕은 그에게 말하였다.

"이 나무는 장차 맛있는 열매를 맺을 것이다. 너는 그것을 먹지 않겠는가."

그는 이렇게 대답하였다.

"이 나무는 높고 넓어 아무리 열매를 먹고 싶어도 얻을 도리가 없겠군요."

그래서 그는 그 열매를 얻으려고 나무를 베었다. 그러나 아무것도 얻은 것이 없이 한갓 수고만 하였다. 그는 다시 나무를 세우고자 하였으나 이미 죽어버렸으므로 살아날 수가 없었다.

세상 사람들도 그와 같다.

법의 왕인 부처님에게는 계율의 나무가 있어 훌륭한 열매를 맺는다. 마음으로 원하고 즐겨하여 그 열매를 먹으려면, 마땅히 계율을 지키고 온갖 공덕을 닦아야 하는 것이다. 그러나 그 방법을 알지 못하고 도리어 계율을 비방한다. 그것은 마치 저 나무를 베어버린 다음 다시 살리려고 하는 것과 같다.

계율을 부수는 사람도 이와 같다.

34. 이백 리 길을 백이십 리로 줄여준 임금

옛날 어떤 동네가 있었다. 그 동네는 왕성에서 200리 가량 떨어져 있었다. 그 동네에는 맛난 물이 있었다. 왕은 동네 사람들에게 명령하여 날마다 그 물을 왕성으로 보내도록 하였다.

동네 사람들은 몹시 괴로워하며 차라리 그 곳을 피해 멀리 떠나려 하였다.

그때 마을의 촌장은 사람들에게 말하였다.

"너희들은 떠나지 말라. 내가 너희들을 위해 왕에게 아뢰어, 200리를 120리로 고쳐 너희들이 다니기 쉽게 하여 고단하지 않게 하리라."

그는 곧 왕에게 아뢰었다. 왕은 촌장의 청대로 200리를 120리로 고쳤다. 사람들은 이 소식을 듣고 매우 기뻐했다.

어떤 사람이 그들에게 말하였다.

"그렇지만 그것은 여전히 본래의 200리에서 아무것

도 달라진 것이 없다."

그러나 그들은 왕의 말을 믿었기 때문에 끝내 그곳을 떠나지 않았다.

세상 사람들도 그와 같다. 바른 법을 닦아 행하고 다섯 가지 나쁜 길을 건너 깨달음을 향하다가 마음에 싫증을 내어 곧 그것을 버리고 이내 생사의 멍에를 지고 다시 나아가지 못한다.

법의 왕인 부처님께서는 큰 방편으로 일승(一乘, 佛乘)의 법을 셋〔보살승·연각승·성문승〕으로 분별하여 말씀하신다. 그러면 소승(小乘)의 사람들은 그 말씀을 듣고 매우 기뻐하면서 '이것은 행하기 쉽다'고 생각하여 선을 닦고 덕을 키워 생사를 건너고자 한다.

그 뒤에 어떤 사람이 '삼승(三乘)이란 없고 하나의 길만 있다'고 하는 말을 들어도, 그들은 부처님의 말씀을 믿기 때문에 마침내 그것을 버리려 하지 않으니 그것은 저 마을 사람들과 같은 것이다.

35. 거울 속의 자기(自己)

 옛날 어떤 사람이 몹시 곤궁하여 많은 빚을 졌으나 갚을 길이 없었다.
 그리하여 그곳을 피하여 아무도 없는 넓은 곳으로 도망쳤다. 그때 그는 보물이 가득찬 상자를 보았다. 그 보물상자 위에는 거울이 있었는데 그 거울이 보물을 덮고 있었다. 가난한 사람은 매우 기뻐하며 그것을 열려고 하였다. 그런데 그 거울 속에 사람의 모습이 보였다. 그는 매우 놀라고 두려워하여 합장하고 말하였다.
 "나는 상자에 아무것도 없다고 생각하였는데 그대가 여기에 있는 줄은 몰랐다. 성내지 말라."

 어리석은 범부들도 또한 그와 같다.
 나고 죽는 마왕(魔王)으로부터 한량없는 번뇌의 시달림을 받고는, 생사를 피해 부처님 법 안에 들어와 선한 법을 행하고 온갖 공덕을 지으려 한다.
 그러나 보물상자를 보고 거울 속의 제 얼굴에 미혹된

어리석은 사람처럼 망령되이 '나'가 있다고 생각한 나머지 곧 집착하여 그것을 진실로 여긴다.

그것은 마치 저 어리석은 사람이 보물상자를 버리는 것처럼, '나'라는 소견에 집착하는 사람도 또한 그와 같다.

36. 도인의 눈을 뽑아 온 대신

 옛날 어떤 사람이 산에 들어가 도를 배우고 다섯 가지 신통을 얻었다. 그래서 천안(天眼)으로 땅 속에 묻혀 있는 온갖 것과 갖가지 보배를 환히 볼 수 있었다.
 국왕은 이 소문을 듣고 매우 기뻐하여 대신에게 말하였다.
 "어떻게 하면 저 사람이 다른 곳으로 가지 않고 항상 우리나라에 머물면서 내 창고에 많은 보물이 쌓이게 할 수 있을까."
 어리석은 대신이 그 사람이 있는 곳에 가서 그의 두 눈을 뽑아 왔다. 그는 왕에게 아뢰었다.
 "신(臣)이 그의 눈을 뽑아 왔습니다. 그는 절대 어디로 가지 못하고 항상 이 나라에 있을 것입니다."
 왕은 그 대신에게 말하였다.
 "그 사람을 여기 있게 하려는 까닭은 땅 속에 묻혀 있는 모든 것을 보려고 한 것인데, 네가 지금 그의 눈을 뽑았으니 어떻게 그가 모든 것을 볼 수 있겠는가."

세상 사람들도 그와 같다.

남이 두타(頭陀)의 고행을 하기 위해 산림이나 광야나 무덤 사이나 나무 밑에서 네 가지 바른 끊음과 부정관(不淨觀)을 닦는 것을 보고 억지로 그 집에 데리고 가서 갖가지로 공양하며 그의 선법을 헐어 버리면 깨달음의 결과를 이루지 못하게 된다.

그것은 마치 저 어리석은 대신이 남의 눈을 뽑은 것과 같다.

••••••••••••

다섯 가지 신통(五神通) : ①천안통(天眼通) ②천이통(天耳通) ③타심통(他心通) ④숙명통(宿命通) ⑤신족통(神足通).

37. 소 떼를 죽여버린 사람

어떤 사람이 250마리의 소를 갖고 있었다. 그는 항상 풀 있는 곳으로 소를 몰고 가 때를 맞춰 먹였다.

어느 날 호랑이가 와서 소 한 마리를 잡아 먹었다. 그래서 그는 이렇게 생각하였다. '이미 한 마리를 잃었으니 이제 완전한 것이 못 된다. 이 소를 어디다 쓰겠는가.'

이렇게 생각한 그는 곧 깊은 구덩이로 소를 몰고 가서 모두 구덩이에 넣어 죽여버렸다.

어리석은 범부들도 이와 같다.

부처님의 계율을 받들어 가지다가 혹 한 가지 계율을 범하면 부끄러워하거나 참회하지 않고 이렇게 말한다.

"나는 이제 한 가지 계율을 범했으니 완전히 갖추지 못하게 되었다. 계율을 가져 무엇하겠는가."

그것은 마치 저 어리석은 사람이 소 떼를 모두 죽여 한 마리도 남기지 않는 것과 같다.

38. 나무통에게 화낸 어리석은 사람

    옛날 어떤 사람이 길을 가다가 목이 말라 나무통에 맑은 물이 흐르는 것을 보고 실컷 그 물을 마셨다.
    물을 실컷 마시고는 손을 들고 나무통에게 말하였다.
    "이제 나는 실컷 마셨으니 물아, 다시 나오지 말아라."
    이렇게 말하였으나 물은 여전히 흘러나왔다. 그는 화를 내며 다시 말하였다.
    "이제 싫도록 마셨으니 다시 나오지 말라고 했는데 왜 여전히 나오는가."
    어떤 사람이 그에게 말했다.
    "너는 참으로 어리석어 지혜가 없구나. 왜 네가 떠나지 않고 물을 나오지 말라고 하느냐."
    그리고는 곧 그를 다른 곳으로 끌어다 놓고 떠나버렸다.

    세상 사람들도 그와 같다. 생사의 애욕 때문에 다섯

가지 쾌락의 짠 물을 마시다가 이미 다섯 가지 쾌락에 염증이 생기면 저 물을 실컷 마신 사람처럼 이렇게 말한다.

"너희들 빛깔과 소리와 냄새와 맛있는 것은 나는 다시 필요없다."

그러나 그 다섯 가지 쾌락은 계속해 와서 끊이지 않는다. 그는 그것을 보고 화를 내어 말한다.

"너는 빨리 사라져 다시 생기지 말라고 하였는데 왜 와서 내가 보게 하느냐."

그때 어떤 지혜로운 사람이 그것을 보고 그에게 말했다.

"네가 그것을 떠나려고 하거든 마땅히 너의 여섯 가지 정(情)을 거두고, 그 마음을 닦아 망상을 내지 않으면 곧 해탈을 얻을 것이다. 그런데 왜 구태여 그것을 보지 않음으로써만이 그것이 생기지 않도록 하려 하는가."

그것은 마치 물을 마신 어리석은 사람과 다름이 없다.

∙∙∙∙∙∙∙∙∙∙∙∙∙
다섯 가지 쾌락 : 재물욕 · 색욕 · 음식욕 · 수면욕 · 명예욕.
여섯 가지 정(情) : 눈 · 귀 · 코 · 혀 · 몸(피부) · 뜻, 이상 여섯 가지가 느끼는 것.

39. 남의 집 담벽

 옛날 어떤 사람이 남의 집에 가서 그 집 담벽을 바르는 것을 보았다. 그 벽은 편편하고 깨끗하여 아주 좋았다.
 그는 물었다.
 "진흙에 무엇을 섞어 바르기에 그처럼 좋은가?"
 주인은 대답하였다.
 "벼와 보리를 물에 푹 담가 두었다가 그것을 진흙에 섞어 벽을 바르면 이렇게 된다."
 어리석은 사람이 생각하기를
 '벼와 보리를 섞어 쓰는 것보다 벼만 쓰면 벽이 희고 깨끗할 것이요 진흙도 고루 묻을 것이다' 하였다.
 그는 곧 벼를 진흙에 섞어 벽에 바르고는 편편하고 고르기를 바랐다. 그러나 도리어 벽은 높고 낮아 모두 벌어졌다.
 결국 벼만 버리고 아무 이익도 얻지 못하여 차라리 보시하여 공덕을 쌓는 것만 못하였다.

백유경

범부도 그와 같다.

성인이 '온갖 선을 닦아 행하면 이 몸을 버린 뒤에는 천상에 나거나 해탈을 얻는다'고 설법하는 것을 듣고, 스스로 제 몸을 죽여 천상에 나거나 해탈을 얻을 것을 기대하지만, 헛되이 제 몸만 죽이고 아무 소득이 없는 것이니, 마치 저 어리석은 사람과 같다.

40. 대머리로 고민한 의사

옛날 어떤 사람이 머리카락이 하나도 없었다.
그래서 겨울이 되면 매우 춥고 여름이 되면 매우 덥고, 또한 모기와 벌레가 물기 때문에 밤낮으로 시달려 심한 고통을 받았다.
그때 여러 가지 방술(方術)을 잘 아는 의사가 있었다.
대머리는 그에게 가서 말하였다.
"원컨대 선생님은 내 병을 고쳐 주십시오."
그런데 그 의사도 대머리였다. 의사는 곧 모자를 벗고 머리를 그에게 보이면서 말하였다.
"나도 그 병으로 고통받는 중이오. 만일 내가 그것을 다스려 낫게 할 수 있다면 먼저 내 병을 다스려 이 걱정을 없앨 것이오."

세상 사람들도 그와 같다.
생로병사의 침노를 받으면서 오래 살 곳을 구하다가,

슈라마나나 바라문 등의 좋은 의사가 온갖 병을 잘 고친다는 말을 듣고 그들에게 가서 말한다.

"원컨대 나를 위해 이 덧없는 생사의 걱정을 덜고, 항상 안락한 곳에서 영원히 살아 죽지 않게 해 주십시오."

그때 바라문들은 대답했다.

"나도 그 덧없는 생로병사를 걱정해서 갖가지로 영원히 사는 곳을 찾았으나 끝내 얻지 못하였소. 만일 지금 내가 그대를 고칠 수 있다면 내가 먼저 내 병을 고친 다음에 그대 병을 고칠 것이오."

이것은 마치 저 대머리를 걱정하는 사람이 스스로 괴로워하면서도 고치지 못하는 것과 같다.

41. 두 귀신의 다툼

옛날 비사사라는 두 귀신이 있었다.

그들은 상자 하나와 지팡이 한 개와 신발 한 켤레를 갖고 있었다.

그래서 그것을 서로 가지려고 다투었지만 해가 지도록 해결하지 못했다.

그때 어떤 사람이 와서 그것을 보고 두 귀신에게 물었다.

"이 상자와 지팡이와 신은 어떤 신기한 힘을 가지고 있기에 너희들은 그처럼 서로 성을 내어 다투는가?"

두 귀신은 대답하였다.

"이 상자는 의복·음식·평상·침구 따위의 생활 도구 등을 모두 만들어 내고, 이 지팡이를 잡으면 어떤 원수도 모두 와서 항복하고 감히 다투지 못합니다. 그리고 이 신만 신으면 어디든지 마음대로 날아다닐 수 있습니다."

이 사람은 그 말을 듣고 귀신들에게 말하였다.

"너희들은 조금 떨어져 있으라. 너희들에게 고루 나누어 주리라."

그들은 이 말을 듣고 이내 멀리 피하였다. 그는 곧 상자를 안고 지팡이를 들고 신을 신고는 날아가 버렸다.

두 귀신은 깜짝 놀랐으나 어쩔 수가 없었다. 그는 귀신들에게 말하였다.

"너희들이 다투고 있는 물건을 지금 내가 가져간다. 이제 너희들은 다투지 않게 되었다."

여기서 비사사라는 귀신은 온갖 마(魔)와 외도들에 비유한 것이고 보시는 그 상자와 같아서 인간이나 천상의 모든 생활 도구가 다 그 안에서 나오며, 선정은 그 지팡이와 같아서 마군과 번뇌의 적을 항복받고, 계율은 신과 같아서 반드시 인간이나 천상에 오르게 되는 것이다.

그리고 마(魔)와 외도들이 상자를 놓고 다투는 것은 그들이 모든 번뇌 속에 있으면서 억지로 좋은 과보를 구하지만 아무 소득이 없는 데 비유한 것이다.

만일 선행과 보시와 계율과 선정을 닦아 행하면, 곧 괴로움을 떠나 깨달음의 결과를 얻게 될 것이다.

42. 낙타 가죽과 비싼 천

어떤 장사꾼이 장사하러 다니는 도중에 낙타가 갑자기 죽어 버렸다. 낙타 등에는 여러 가지 보물과 곱고 부드러운 천과 갖가지 물건이 많이 실려 있었다.

낙타가 죽자 상인은 곧 가죽을 벗긴 뒤 두 제자에게 말하였다.

"낙타 가죽을 잘 간수하여 젖거나 썩게 하지 말라."

그 뒤에 비가 왔다. 두 제자는 우직하고 어리석어 좋은 천들로 낙타가죽을 덮었다. 천은 모두 썩어 허물어졌다. 그러나 가죽은 별 가치가 없었고 천은 값비싼 것이었는데 그들은 어리석어 비싼 천으로 가죽을 덮었던 것이다.

세상의 어리석은 사람들도 그와 같다.

살생하지 않는 사람은 좋은 천에 비유한 것이요, 낙타가죽은 재물에 비유한 것이며, 비가 와서 젖고 썩은 것은 방일함으로써 선행을 깨뜨리는 것에 비유한 것이다.

  살생하지 않는 계율은 곧 부처님이 되는 최상의 묘한 씨앗이다. 그러나 그것을 닦지는 않고 다만 재물로써 온갖 탑을 만들고 공양하면서, 그 근본을 버리고 끝을 취한다. 그리하여 다섯 갈래 길을 떠돌아 다니면서 스스로 나오지 못한다.

  그러므로 수행하는 사람은 마땅히 알뜰한 마음으로 살생하지 않는 계율을 가져야 하는 것이다.

43. 돌을 갈아 소를 만든 사람

어떤 사람이 부지런히 공을 들여 큰 돌을 갈아 조그만 장난감 소를 만들었다. 공은 매우 많았으나 얻은 것은 매우 적었다.

세상 사람들도 그와 같다. 큰 돌을 간다는 것은 부지런히 애써 공부하는 것을 비유한 것이고, 조그만 소를 만들었다는 것은 명예를 위하여 서로 다투는 데 비유한 것이다.

공부하는 사람은 자세히 연구하고 박학하여 많이 알고 그대로 실행하여 훌륭한 결과를 구해야 하는 것이다. 그렇지 않고 눈앞의 명예만 구하면, 교만하고 허황되어 허물과 근심만 더욱 자라게 된다.

44. 떡 반 개에 배부른 사람

　어떤 사람이 배가 고파 일곱 개의 떡을 먹으려 하였다.
　여섯 개 반을 먹자 벌써 배가 불렀다. 그는 화를 내고 후회하며 제 손으로 자기를 때리면서 말하였다.
　"내가 지금 배부른 것은 이 반 개 때문이다. 그러므로 앞에 먹은 여섯 개는 공연히 버린 것이다. 만일 이 반 개로써 배가 부를 줄 알았더라면 그것을 먼저 먹었어야 할 것이었는데."

　세상 사람들도 그와 같다.
　원래부터 즐거움이란 항상 있는 것이 아닌데, 어리석고 뒤바뀐 생각으로 제멋대로 즐겁다는 생각을 하는 것이다.
　그것은 어리석은 사람이 떡 반 개에 배부르다는 생각을 내는 것과 같다.
　세상 사람들은 무지하여 오직 부귀로 즐거움을 삼지

만 부귀란 구할 때 매우 괴롭고, 이미 얻은 뒤에는 지켜 간수하기도 괴로우며, 잃은 뒤에 또다시 괴로운 것이다.

그것은 마치 옷과 밥을 겸하기 때문에 즐겁다고 하지만, 그것 때문에 고통받고 제멋대로 즐겁다는 생각을 내는 것과 같다.

그러므로 모든 부처님은 말씀하셨다.

"이 세계는 안락은 없고 모두 괴로움 뿐인데 중생들은 뒤바뀐 생각으로 미혹하여 제멋대로 즐겁다는 생각을 하느니라."

45. 대문과 나귀와 밧줄만 지킨 하인

주인이 먼 길을 떠나기 전에 하인에게 분부하였다.
"너는 문을 잘 지키고 나귀와 밧줄을 잘 살펴라."
주인이 떠난 뒤 이웃집에서 풍류놀이를 하는 자가 있었다.
하인은 그것을 보고 싶어 가만히 앉아 있을 수가 없었다. 그래서 밧줄로 문을 매어 나귀 등에 얹고 놀이터로 가서 그 풍류를 즐겼다.
하인이 나간 뒤에 도적이 와서 집 안의 재물을 모두 훔쳐가 버렸다.
주인이 돌아와 하인에게 물었다.
"재물은 모두 어쨌느냐?"
하인은 대답하였다.
"어르신께서는 아까 저에게 문과 나귀와 밧줄을 부탁하셨습니다. 그 밖에는 제가 알 바가 아닙니다."
주인은 다시 말하였다.
"너를 남겨 두고 문을 지키라 한 것은 바로 재물 때

문인데, 재물을 모두 잃었으니 문은 어디에 쓸 것인가."

어리석은 사람이 애욕의 종이 되는 것도 이와 같다.
부처님은 항상 '여섯 가지 감관의 문을 잘 단속하고 여섯 가지 경계에 집착하지 말며, 애욕의 밧줄을 잘 보라'고 훈계하였다.
그런데 비구들은 부처님의 교훈을 받들지 않고 이양(利養)을 탐하여 구하고, 거짓으로 청렴한 체하며 고요한 곳에 앉아 있다. 그러나 마음은 흐르고 달리며 다섯 가지 쾌락에 탐착한다.
즉 빛깔과 소리와 냄새와 맛에 홀리고 어지럽혀 무명(無明)은 마음을 덮고 애욕의 밧줄을 얽고 묶는다. 그리하여 바른 생각과 깨달음의 뜻인 도품(道品)의 재물을 모두 잃고 마는 것이다.

∙∙∙∙∙∙∙∙∙∙∙∙∙

여섯 가지 감관 : 눈·귀·코·혀·몸(피부)·뜻, 이상 여섯 가지.
여섯 가지 경계 : 눈·귀·코·혀·몸·뜻으로 느끼는 모든 대상물.
도품(道品) : 37가지 깨달음을 돕는 것.

46. 소를 훔친 사람

　어떤 마을 사람들이 남의 소를 훔쳐서 잡은 뒤 모두 나누어 먹었다.
　소를 잃은 사람이 그 흔적을 따라 이 마을까지 찾아와 마을 사람들을 불러 놓고 사정을 말하면서 물었다.
　"너는 이 마을에 있지 않느냐, 너는 소를 훔치지 않았는가?"
　그는 대답하였다.
　"내게는 마을이 없습니다."
　"너희들 마을 복판에 못이 있는데 그 못 가에서 소를 나누어 먹지 않았는가?"
　"못이 없습니다."
　"못 곁에 나무가 있지 않는가?"
　"나무가 없습니다."
　"소를 훔칠 때 이 마을 동쪽에 있지 않았는가?"
　"동쪽이 없습니다."
　"소를 훔친 때는 한낮이 아니었는가?"

"한낮이 없습니다."

"비록 마을은 없고 나무는 없다 하더라도, 어떻게 천하에 동쪽이 없고 한낮이 없겠는가, 네가 거짓말하는 것을 알겠고 너의 말은 모두 믿을 수가 없다. 너는 소를 훔쳐 먹지 않았는가?"

"사실은 먹었습니다."

계율을 깨뜨린 사람도 그와 같다.

자기의 죄를 덮어 두고 드러내려 하지 않지만 죽어서 지옥에 들어가면 여러 하늘의 선신(善神)들이 하늘눈〔天眼〕으로 보기 때문에 다시는 덮어 둘 수 없는 것이다.

그것은 마치 소를 잡아 먹은 사람이 끝내 속이며 버틸 수 없는 것과 같다.

47. 말하는 원앙새

옛날 어느 나라에는 명절이나 경사날에는 부녀자들이 모두 꽃으로 머리를 장식하는 풍습이 있었다.

어떤 가난한 사람의 아내가 남편에게 말하였다.

"당신이 만일 우트팔라꽃을 얻어 내게 주면 나는 당신의 아내로 있겠지만 얻어 오지 못하면 나는 당신을 버리고 가겠습니다."

그 남편은 이전부터 원앙새 우는 소리 흉내를 잘 냈다.

그래서 곧 궁궐 못에 들어가 원앙새 우는 소리를 내면서 우트팔라꽃을 훔치고 있었다.

그때 못을 지키는 사람이 물었다.

"못 가운데 그 누구냐?"

그는 그만 실수하여 이렇게 대답하였다.

"나는 원앙새입니다."

못지기는 그를 붙잡아 데리고 왕에게로 갔다. 도중에 그는 다시 부드러운 소리로 원앙새 우는 소리를 내었다.

연못지기는 말하였다.

"너는 아까는 내지 않고 지금 원앙새 우는 소리를 내어 무엇하느냐."

세상의 어리석은 사람도 이와 같다.

죽을 때까지 살생하면서 온갖 악업을 짓고, 착한 일을 하지 않다가 임종 때가 가까워서야 비로소 말한다.

"나도 지금부터 착한 일을 하고 싶다."

그러나 옥졸이 그를 데리고 가서 염라왕에게 넘기면 아무리 착한 일을 하고자 하나 이미 때는 늦어 그럴 수가 없다.

그것은 마치 저 어리석은 사람이 왕에게 가서 원앙새 우는 소리를 내려고 하는 것과 같다.

48. 부러진 나뭇가지에 얻어맞은 여우

어떤 여우가 나무 밑에 앉아 있었다. 바람이 불어 가지가 부러져 그만 여우의 등에 떨어졌다.
여우는 곧 눈을 감고 다시 나무를 쳐다보지도 않고 그곳을 떠나 딴 곳으로 달아났다.
날이 저물어도 그는 돌아오려 하지 않았다.
여우는 멀리서 바람이 불어 큰 나뭇가지가 아래 위로 흔들리는 것을 보고 말하였다.
"나를 다시 나무 밑으로 오라고 부르는 것이다."

어리석은 제자들도 그와 같다.
집을 떠나 스승에게 배우다가, 조금 꾸지람을 들으면 곧 달아난다.
그 뒤에 나쁜 벗을 만나 끝없이 번민하다가는 비로소 본래 스승에게로 돌아온다. 이와 같이 오가는 것을 어리석고 미혹한 것이라 한다.

49. 털 한 줌을 놓고 다툰 어린 아이

   옛날 어떤 두 아이가 강에 들어가 놀다가 물 밑에서 털 한 줌을 얻었다.
   한 아이가 말했다.
   "이것은 선인(仙人)의 수염이다."
   그러자 다른 아이가 말했다.
   "이것은 큰 곰의 털이다."
   그때 그 강 가에 어떤 선인(仙人)이 살고 있었다.
   이 두 아이는 서로 다투다가 할 수 없이 그 선인에게 가서 의심나는 것을 판결해 달라고 하였다.
   선인은 곧 쌀과 깨를 입에 넣고 씹다가 손바닥에 뱉어 놓고 아이들에게 말하였다.
   "내 손바닥에 있는 것은 공작의 똥과 같다."
   이처럼 남의 물음에 대답하지 않은 선인을 사람들은 모두 비웃었다.

   세상의 어리석은 사람들도 이와 같다.

설법할 때에도 쓸데없는 것은 모두 설명하면서 바른 이치는 대답하지 않는다.

그것은 저 선인이 묻는 것에는 대답하지 않고 깨를 씹어 뱉는 것과 같다.

근거없는 빈 말도 또한 그와 같다.

50. 두 눈알이 튀어나온 의사

어떤 사람이 곱추병을 앓아 의사를 청해 치료하였다.

의사는 거기에 타락웃물을 바른 뒤에 아래 위로 널판을 대고 힘을 다해 눌렀다.

너무 힘을 쓴 나머지 두 눈알이 튀어나왔다. 그러나 의사는 자기의 두 눈알이 튀어나오는 것을 깨닫지 못하였다.

세상의 어리석은 사람들도 이와 같다.

복을 닦기 위하여 살림 살고 장사하면서 온갖 법답지 않은 일을 하니 일은 비록 성취하지만 그 이익은 손해를 보충하지 못한다.

그리하여 미래의 세상에 지옥에 들어가게 되는 것이 마치 두 눈알이 빠지는 것과 같다.

51. 매맞는 계집종

다섯 사람이 계집종 하나를 샀다. 그 중의 한 사람이 종에게 말하였다.
"내 옷을 빨아라."
다음에 또 한 사람도 말했다.
"내 옷도 빨아라."
그 종은 다음 사람에게 말하였다.
"저분의 옷을 먼저 빨게 되어 있습니다."
뒤 사람이 이 말을 듣고 화를 내었다.
"나도 저 사람과 함께 다같이 너를 샀는데 왜 저 사람의 것만 빨려 하는가?"
그리고는 매 열 대를 때렸다. 그러자 다른 네 사람도 모두 각기 열 대씩 때렸다.

다섯 가지 쌓임도 또한 그와 같다.
다섯 가지 번뇌의 인연이 모여 이 몸을 이루었는데, 그 다섯 가지 쌓임이 항상 생·로·병·사의 한량없는 고뇌로 중생을 매질하는 것이다.

••••••••••••
다섯 가지 쌓임 : 오온(五蘊)을 일컬음. 물질·감각·생각·행위·의식.

52. 왕의 거짓말

어떤 아이가 왕 앞에서 음악을 연주하였다. 왕은 돈 천 냥을 주기로 약속하였다.

아이가 왕에게 돈을 요구하였다. 왕은 주지 않고 말하였다.

"네가 아까 음악을 연주하였지만 그것은 한낱 내 귀만 즐겁게 하였을 뿐이다. 내가 너에게 돈을 주겠다고 한 것도 다만 네 귀를 즐겁게 한 것뿐이다."

세상의 바보도 그와 같다. 인간이나 천상에서 조그만 즐거움을 받지만 그것은 실(實)이 없어, 덧없고 멸하는 것이다. 또한 오래 머무르지 못하나니 마치 저 빈 음악 소리와 같다.

53. 스승의 두 다리를 부러뜨린 제자

어떤 스승이 두 제자를 두었다. 그 스승은 아픈 다리를 두 제자에게 내밀면서 하나씩 주무르라고 하였다.
두 제자는 늘 서로 미워하고 질투하였다. 한 제자가 다른 제자에게 가서 그가 주무르는 스승의 다리를 붙잡고 돌로 때려 부러뜨렸다.
다른 제자가 이것을 보고 몹시 분하게 여겨, 또 그가 주무르는 다리를 때려 부러뜨렸다.

부처님 법을 배우는 사람들도 그와 같다.
대승(大乘)을 배우는 사람은 소승(小乘)을 그르다 배척하고, 소승을 배우는 사람은 또 대승을 그르다 하기 때문에 큰 성인의 가르침의 두 길을 모두 잃게 한다.

54. 뱀의 머리와 꼬리가
서로 다툰 이야기

어느 날 뱀의 꼬리가 그 머리에게 말하였다.
"내가 앞에서 가야 하겠다."
머리가 말하기를,
"내가 언제나 앞에서 갔는데 갑자기 왜 그러느냐?"
머리와 꼬리는 서로 싸웠다. 끝내 머리가 앞에서 가려고 하자, 꼬리는 나무를 감고 버텼다. 하는 수 없이 머리가 양보했다. 그리하여 결국 꼬리가 앞에서 가다가 곧 불구덩이에 떨어져 타 죽었다.

스승과 제자도 그와 같다. 제자들은,
"스승은 나이가 많다고 하여 늘 앞에 있기를 좋아하지만, 제자인 우리들은 젊으므로 우리가 길잡이가 되어야 한다"고 한다.
그리하여 계율에 익숙치 못한 젊은이는 항상 계율을 범하다가 곧 서로 끌고 지옥에 들어간다.

55. 왕의 수염 깎기를 택한 사람

 옛날 어떤 왕이 믿을 만한 신하를 두었다. 그는 전장에서 목숨을 돌아보지 않고 왕을 구하여 안전하게 하였다.
 왕은 매우 기뻐하여 그의 소원을 들어주려고 그에게 물었다.
 "너는 무엇을 구하는가? 네가 하고 싶은 대로 하라."
 신하는 대답하였다.
 "왕께서 수염을 깎으실 때 나를 시켜 깎도록 해 주소서."
 왕은 말했다.
 "그 일이 네 마음에 맞는다면 원대로 들어 주리라."
 이 어리석은 사람을 세상 사람들은 모두 비웃으면서 말했다.
 "나라의 반을 다스리는 대신이나 재상 자리도 얻을 수 있었는데, 구태여 천한 업을 구하였다."

어리석은 사람들도 그와 같다.

모든 부처님께서 한량없는 겁 동안 어려운 행과 괴로운 행을 겪은 뒤 스스로 부처가 되신 것이다. 그러므로 혹 부처님을 만나거나 부처님이 남긴 법을 만날 수 있더라도 사람의 몸을 얻기는 어렵다.

그것은 마치 눈 먼 거북이가 떠도는 나무구멍을 만나는 것과 같다.

이 만나기 어려운 두 가지를 이제 우리가 만났지만 그 뜻이 용렬하여 조그만 계율을 받들어 가지고는 곧 족하다 생각하고, 열반의 훌륭하고 묘한 법을 구하지 않는다. 그리하여 더 나아가 구할 마음이 없이 스스로 삿된 일을 행하면서 곧 만족하다고 생각하는 것과 같다.

56. 없는 물건을 청한 사람

　옛날 두 사람이 함께 길을 가다가 어떤 사람이 깨를 실은 수레를 끌고 험한 길을 통과하지 못하는 것을 보았다.
　그때 그 수레꾼은 이들에게 말하였다.
　"나를 도와 수레를 밀어 험한 길을 벗어나게 해 주시오."
　그들은 대답하였다.
　"우리에게 무엇을 주겠는가?"
　수레꾼은 말하였다.
　"없는 물건을 그대들에게 주리라."
　두 사람은 그를 도와 수레를 밀고 평지에 나와 수레꾼에게 말하였다.
　"우리에게 줄 물건을 가져 오라."
　수레꾼은 대답하였다.
　"물건이 없다."
　두 사람 중의 한 사람이 다시 말하였다.

"그 없는 물건을 가져 오라."

다른 한 사람이 웃음을 머금고 말하였다.

"저 사람은 우리에게 아무것도 주려 하지 않는다. 그러나 아무 걱정할 것이 없다."

그러나 또 한 사람은 수레꾼에게 말하였다.

"우리에게 없는 물건을 가져 오라. 반드시 없는 물건이 있을 것이다."

한 사람은 말하였다.

"없는 물건〔無物〕이라는 이 두 글자를 한 데 모으면 그것을 거짓 이름〔假名〕이라 한다. 세속의 범부들은 만일 '없는 물건'이라 하면 곧 '아무것도 없는 경계〔無所有處〕'라고 안다."

또 한 사람은 말하였다.

"없는 물건이란 바로 없는 모양〔無相〕· 없는 원〔無願〕· 없는 지음〔無作〕이니라."

57. 발로 장자의 입을 친 하인

　옛날 큰 재물을 갖고 있는 장자가 있었다.
　좌우의 사람들은 모두 그의 마음을 얻으려고 온갖 공경을 다하였다. 장자가 가래침을 뱉을 때에는 좌우의 모시는 사람들이 재빨리 발로 그것을 밟아 문질러버렸다.
　어떤 어리석은 사람은 그것을 보고 이렇게 생각하였다.
　'가래침이 땅에 떨어지면 다른 사람들이 먼저 재빨리 밟아 문질러버린다. 그렇다면 나는 그가 뱉으려 할 때에 먼저 밟으리라.'
　그때에 장자가 막 가래침을 뱉으려 하였다. 어리석은 사람은 곧 다리를 들어 장자의 입을 쳐서 입술이 터지고 이가 부러져버렸다.
　장자는 그에게 말하였다.
　"너는 왜 내 입을 쳤느냐?"
　그는 말했다.

"장자의 침이 입에서 나와 땅에 떨어지기만 하면 좌우의 아첨하는 사람들이 어느새 밟아버립니다. 나는 아무리 밟으려 하여도 늘 따르지 못합니다. 그래서 침이 막 입에서 나오려 할 때 다리를 들고 먼저 밟아 장자님의 마음을 얻으려고 한 것입니다."

무릇 어떤 일이나 때가 있는 것이니, 때가 아직 이르기도 전에 억지로 애를 쓰면 도리어 괴로움을 당하는 것이다. 그러므로 세상 사람은 마땅히 '때'와 '때가 아님'을 알아야 한다.

58. 동전을 둘로 나눈 형제

 옛날 마라국에 어떤 부자가 있었다. 그는 병이 매우 위중하여 반드시 죽을 것이라 생각하고 두 아들에게 분부하였다.
 "내가 죽은 뒤에는 재산을 잘 나누어 가져라."
 두 아들이 분부에 따라 아버지가 죽은 뒤 두 몫으로 재산을 나눌 때, 형이 아우에게 말하였다.
 "나누는 것이 공평하지 못하다."
 그때 어떤 어리석은 노인이 그들에게 말했다.
 "너희들에게 물건 나누는 법을 가르쳐 공평하게 가지게 하리라. 지금 있는 모든 물건을 부수어 두 몫으로 만들어라."
 "어떻게 부숩니까?"
 "옷은 반을 찢어 두 몫으로 만들고, 밥상이나 병도 부수어 두 몫으로 만들고, 동이나 항아리도 부수어 두 몫으로 만들고 돈도 부수어 두 몫으로 만들어라."
 이리하여 모든 재산을 두 몫으로 만들었다. 그래서

사람들은 그것을 보고 비웃었다.

그것은 마치 저 외도들이 분별하여 닦는 것과 같다.
모든 외도들은 어리석으면서도 스스로 지혜가 있다고 생각한다. 그러나 그것은 마치 어리석은 사람이 돈을 부수어 두 조각을 내는 것과 같다.

59. 오지병을 구경하다가
보물을 놓친 사람

  두 사람이 옹기공장에 가서 바퀴를 밟아 오지병을 만드는 것을 구경하였다. 그들은 그것을 아무리 보아도 싫증이 나지 않았다.
  그런데 한 사람은 그곳을 떠나 큰 모임에 가서 맛난 음식을 배불리 먹고 또 보물까지 얻었다.
  그러나 한 사람은 오지병 만드는 것을 구경하면서 이렇게 말하였다.
  "내가 구경을 다할 때까지 기다리시오."
  그리하여 머뭇거리며 해가 지도록 그것을 구경하다가 옷과 밥을 놓치고 말았다.

  어리석은 사람들도 그와 같다.
  살림살이를 돌보느라고 죽음이 오는 것은 깨닫지 못한다.

오늘은 이 일을 경영하고
내일은 저 업을 짓는다.

모든 부처님이 나타나서
우레 같은 소리가 세상에 가득 차고
바른 가르침이 걸림없이 내리건만
세상 일에 얽히어 듣지 않으며
죽음이 갑자기 닥치는 것도 모른다.

부처님의 법회를 놓치고
법의 보배를 얻지 못하여
언제나 곤궁한 나쁜 길에 살면서
바른 법을 배반해 버리는구나.

그는 오지병만 바라보며 섬겼기 때문에
마침내 구경하기를 그치지 않았으니
그러므로 그는 법의 이익을 잃고
영원히 해탈할 기약이 없다.

60. 물 속의 금 그림자

옛날 어떤 어리석은 사람이 큰 못에 가서, 물 속에 있는 순금의 그림자를 보고는 금이 있다고 외쳤다. 그리고 곧 물에 들어가 진흙을 헤치면서 금을 찾았다. 그러나 찾지 못하고 몹시 피로한 채 도로 나와 앉아 있었다.

조금 있다가 물이 맑아지자 금빛이 다시 나타났다. 그는 다시 들어가 진흙을 헤치고 찾았으나 또 찾지 못하고 지쳐버렸다.

아버지가 아들을 찾으러 왔다가 거기서 아들을 보고 물었다.

"너는 무슨 일을 하였기에 그처럼 지쳐 있느냐?"

아들은 말하였다.

"물 속에 순금이 있기에 물에 들어가 진흙을 헤치고 찾았습니다. 그러나 금은 얻지 못하고 이처럼 지쳤습니다."

그 아버지는 물 속의 금 그림자를 보고, 그 금은 나

무 위에 있는 금인데 그 그림자가 물 속에 나타난 것임을 아들에게 알려 주었다.

"이것은 반드시 새가 금을 물고 가다가 나무 위에 둔 것일 게다."

그는 아버지 말을 따라 나무 위에 올라가서 그 금을 얻었다.

어리석은 저 범부들도
무지하기 그와 같다.
'나'가 없는 다섯 가지 쌓임 가운데
제멋대로 '나'가 있다 생각하나니

저 순금 그림자를 본 사람이
부지런히 애써 그것을 찾았으나
한갓 수고하고 소득이 없음과 같아라.

61. 누가 만물을 만들었나

브라만들은 모두 말하였다.
"대범천왕은 이 세상의 아버지다. 그는 능히 만물을 만든다."
만물을 만든 주인의 제자가 있었다. 그도 말하였다.
"나도 능히 만물을 만든다."
그러나 그는 실제로 어리석으면서 자신이 지혜가 있다고 생각하였다. 그래서 범천에게 말하였다.
"나는 만물을 만들고 싶습니다."
범천왕은 말하였다.
"그런 생각을 말라. 너는 만들 수 없다."
그러나 그는 범천왕의 말을 듣지 않고 만물을 만들려고 하였다. 범천은 그 제자가 만든 물건을 보고 그에게 말하였다.
"네가 만든 것은 머리가 너무 크고 목은 너무 가늘다. 손은 너무 크고 팔은 너무 작다. 다리는 너무 작고 발꿈치는 너무 크다. 그래서 마치 귀신과 같구나."

모든 것은 각기 업대로 만들어진 것이요, 범천이 만든 것도 그 누구가 만든 것도 아니다. 그리하여 모든 부처님은 이렇게 설법하셨다.

"두 극단에 집착하지 말아야 한다. 즉 단견(斷見)에도 집착하지 않고 상견(常見)에도 집착하지 않아야 한다. 그것은 여덟 가지 바른 도의 설법〔八正道〕과 같은 것이다."

그런데 여러 외도들은 '이것은 단(斷)이다. 이것은 상(常)이다'고 보아, 곧 거기에 집착하여 세상을 속여 그것이 법인 양 꾸미지만 그것은 진실로 바른 법이 아니다.

....
단견·상견 : 단견은 극단적인 생각, 즉 이 세상은 영원하지 않다고 생각하는 것. 상견은 이 세상은 너무 무한하다고 생각하는 것.

62. 꿩 한 마리만 먹은 환자

옛날 어떤 사람이 병으로 위독하였다. 훌륭한 의사는 점을 치고 말하였다.
"항상 꿩고기 한 종류만 먹으면 병을 고칠 수 있다."
그는 시장에 가서 꿩 한 마리를 샀다. 그러나 그것을 먹고는 더 먹지 않았다.
그 뒤에 의사가 그를 보고 물었다.
"그대 병은 고쳤는가?"
그는 대답하였다.
"의사님은 전에 내게 늘 꿩고기를 먹으라고 하셨습니다. 그래서 지금 한 마리를 먹고 감히 다시 먹지 않습니다."
의사는 다시 말했다.
"꿩 한 마리를 다 먹었으면 왜 또 먹지 않느냐? 너는 지금 꿩 한 마리만 먹고 어떻게 병이 낫기를 바라느냐?"

모든 외도들도 그와 같다.

그들이 의사와 같은 부처님이나 보살의 훌륭한 말씀을 들었으면, 벌써 마음의 근본을 알았어야 할 것이다. 그런데 그들은 시간은 무한하다[常見]고 하여 '과거와 미래와 현재가 오직 하나로서 옮아가는 일이 없다'고 생각하니 그것은 마치 꿩 한 마리를 먹는 것과 같다. 그러므로 그들은 유혹과 번뇌의 병을 고치지 못하는 것이다.

큰 지혜를 가진 여러 부처님은 그들을 가르쳐 상견을 없애기 위하여 이렇게 말씀하셨다.

"모든 것은 찰나에 나고 사라진다. 어떻게 변하지 않겠느냐?"

마치 저 의사가 '다시 꿩을 먹어야 병을 고칠 수 있다'고 가르친 것처럼, 부처님도 중생들을 가르쳐 모든 법을 알게 하셨다.

"무너지기 때문에 항상 이루어지지 않고, 이어가기 때문에 끊어지지 않는다."

이렇게 말씀하시며 그들의 상견의 병을 잘라 없앴다.

63. 가짜 귀신에 놀란 사람들

옛날 간다르바국에 여러 사람들이 마침 흉년을 만나 음식 있는 곳을 따라 다른 나라로 가게 되었다. 도중에 바라신산(山)을 지나게 되었다.

그 산에는 본래부터 사람을 잡아 먹는 나쁜 귀신 락사사가 많았다.

그들은 산중에 모여 잠을 잤다. 산중에는 바람이 몹시 찼기 때문에 불을 피우고 누워 있었다. 그들 중에 추위를 몹시 타는 사람이 있었다. 그는 장난으로 귀신 락사사의 옷을 입고 불을 쪼이며 앉아 있었다.

그때 옆에 있던 어떤 이가 잠이 깨어 보니 불 옆에 귀신 락사사가 앉아 있는 것을 보고는 놀라 그만 그 곳에서 달아나버렸다. 그 바람에 잠자던 사람들도 놀라 엉겹결에 모두 내달았다. 그래서 그 락사사의 옷을 입은 이도 놀라 그들을 쫓아 죽어라 뛰었다.

그들은 뒤에 락사사가 쫓아오는 것을 보고 해치러 오는 줄로만 생각하고는 더욱더 놀라고 두려운 나머지 산을 넘고 물을 건너 구렁에 몸을 던졌다. 그리하여 몸도 다치고 극도로 피로하여 모두 쓰러졌다가 날이 밝아서야 비로소 귀신이 아님을 알았다.

  모든 범부들도 그와 같다.
  번뇌 속에 살면서 선한 법에 굶주려, 위없는 법을 구하다가, 다섯 가지 쌓임〔五蘊〕 속에 '나'라는 소견 때문에 생사에 흘러 다니면서 번뇌에 쫓기어 자유를 얻지 못하고 세 갈래 나쁜 길〔三惡道〕의 구렁에 떨어진다.
  날이 밝았다는 것은 생사의 밤이 다하고 지혜의 밝은 새벽이 되어 비로소 다섯 가지 쌓임 속에는 '참 나'가 없다는 것에 비유한 것이다.

64. 문을 밀고 당긴 두 사람

옛날에 오래된 집이 있었다. 사람들은 모두 그 집에는 항상 나쁜 귀신이 있다고 생각하여 모두 두려워하며 감히 거기서 자거나 쉬지 못하였다.

그때 자기가 대담하다고 생각하는 한 사람이 이렇게 말하였다.

"나는 이 방에 들어가 하룻밤을 지내리라."

그는 곧 들어가 잤다.

뒤에 또 한 사람이 앞의 사람보다 더 대담하고 용맹스럽다고 생각하였다.

그때 곁에 있던 다른 사람이 말했다.

"이 방 안에는 항상 나쁜 귀신이 있다."

이 말을 들은 그는 문을 밀고 들어가려 하였다. 그러자 앞의 사람은 그것을 귀신이라 생각하고 곧 안에서 문을 막고 서서 들어오지 못하게 하였다. 뒤의 사람도 또 그것을 귀신이라 생각하고 밀고 들어가고자 하였다. 그렇게 다투다가 날이 밝아 서로 보고서야 비로소 귀신이 아닌 것을 알았다.

　세상 사람들도 그와 같다.
　인연이 잠깐 모였을 뿐 아무것도 주인이 없는데 낱낱이 분석해 본들 그 무엇이 '나'인가.
　그런데 중생들이 제멋대로 옳고 그름을 헤아려 굳이 다투는 것은 저 두 사람과 다름이 없다.

65. 독이 든 약

옛날 어떤 여자가 음탕하여 법도가 없었다.

그는 욕정이 왕성해지자 그 남편을 미워한 나머지 늘 죽일 기회를 엿보았다. 그러나 갖가지 계책을 다 써보았지만 기회를 얻을 수 없었다.

마침 남편이 이웃 나라에 사신으로 가게 되었다. 부인은 가만히 계획을 세우고 독이 든 환약을 만들어 남편을 해치려고 거짓으로 남편에게 말하였다.

"당신이 지금 멀리 사신으로 가시는데, 혹 배고플 때가 있을까 걱정입니다. 나는 지금 이 환희환 오백 개를 만들어 당신에게 드립니다. 당신이 이 나라를 떠나 다른 나라로 가시어 배가 고프실 때에는 이것을 드십시오."

남편은 그 말대로 그것을 받고 다른 나라로 갔으나 아직 그것을 먹지 않았다. 밤중이 되어 숲속에서 자다가 모진 짐승들이 무서워 나무에 올라가 피해 있었다. 그러면서 환희환은 잊어 버리고 나무 밑에 두었다.

마침 그 날 밤에 오백 명의 도적이 그 나라 왕의 말 오백 마리와 여러 가지 보물을 훔쳐 가지고 오다가 그 나무 밑에서 쉬었다. 너무 빨리 달려 왔기 때문에 그들은 모두 배가 고프고 목이 말랐다. 마침 나무 밑에 있는 환희환을 보고 그들은 제각기 한 알씩 먹고는 독약의 기운이 거세어 오백 명이 한꺼번에 죽고 말았다.
　날이 밝아, 그는 도적 떼들이 모두 나무 밑에 죽어 있는 것을 보고, 거짓으로 칼과 화살로 그 시체들을 베기도 하고 찌르기도 하였다. 그리고 그 말들과 보물을 거두어 가지고 그 나라를 향해 달려갔다.
　그때 왕은 많은 군사를 거느리고 도적들을 뒤쫓아 왔다. 왕은 도중에서 그를 만났다.
　왕은 물었다.
　"너는 어떤 사람인가? 그 말은 어디서 얻었는가?"
　그는 대답하였다.
　"나는 아무 나라 사람입니다. 길에서 도적 떼를 만나 서로 싸우다가 칼로 베고 활로 쏘아 지금 오백 명의 도적 떼가 모두 저 나무 밑에 죽어 있습니다. 그래서 나는 이 말과 보물을 얻어 왕의 나라로 가져가는 중입니다. 만일 믿지 못하시겠다면 사람을 보내서 확인해 보십시오."
　왕이 신하를 보내어 확인해 보았더니 과연 그 말과 같았다. 왕은 매우 기뻐하면서 처음 보는 일이라 찬탄하였다. 그리고 나라에 돌아가서는 곧 많은 보물을 주고 또 마을을 봉(封)해 주었다.

왕의 대신들은 모두 그를 시기하여 왕에게 아뢰었다.

"저 사람은 멀리서 온 사람으로서 아직 믿을 수 없사온데, 왜 갑자기 그처럼 심히 사랑하고 우대하십니까? 그리고 벼슬이나 상은 저희들보다 더 많군요."

그는 그 말을 듣고 이렇게 말하였다.

"누가 용맹스럽고 힘이 세어 나와 시합하려는가? 저 넓은 벌판에 가서 기능을 겨루어 보자."

대신들은 깜짝 놀라면서 감히 나와 대적하는 이가 없었다.

그 뒤에 그 나라에는 사나운 사자가 있어서 길을 막고 사람을 죽이므로 왕성으로 가는 길까지 끊어졌다.

그때에 대신들은 서로 의논하였다.

"멀리서 온 사람은 스스로 용맹스럽고 힘이 세어 아무도 대적할 이가 없다고 한다. 지금 만일 저 사자를 죽여 나라의 화를 없앤다면 그것은 참으로 장하고 놀라운 일이다."

이렇게 의논하고 왕에게 아뢰었다. 왕은 이 말을 듣고 칼과 몽둥이를 그에게 주어 곧 보내었다.

그때 그는 이미 왕의 명령을 받은지라, 뜻을 굳게 하여 사자에게로 향해 갔다. 사자는 그를 보고 분격하여 고함을 치면서 뛰어나왔다. 그는 당황하여 곧 나무 위

백유경

로 올라갔다. 사자는 입을 벌리고 머리를 치켜 들어 나무를 올려다보고 있었다. 그는 무섭고 급한 나머지 잡았던 칼을 떨어뜨렸다. 마침 그 칼은 사자 목을 찔러 사자는 이내 죽었다.

그는 기뻐하며 왕에게 가서 아뢰었다. 왕은 더욱 사랑하고 우대하였다.

그리고 그 나라 사람들도 그를 인정하고 공경하며 모두 그를 찬탄하였다.

그 부인의 환희환은 더러운 보시에 비유한 것이요, 왕이 사신으로 보낸 것은 선지식에 비유한 것이며, 다른 나라로 가는 것은 여러 하늘에 비유한 것이요, 도적떼를 죽인 것은 다섯 가지 탐욕과 온갖 번뇌를 굳게 끊는 데 비유한 것이며, 다른 나라의 왕을 만나는 것은 성현을 만나는 데 비유한 것이다. 그 나라의 신하들이 시기한 것은, 외도들이 지혜 있는 사람이 번뇌와 다섯 가지 탐욕을 끊는 것을 보고 그럴 수가 없다고 비방하는 데 비유한 것이다.

또 그가 '그들 대신으로는 아무도 나와 대적할 이가 없다'고 말한 것은 외도들이 감히 저항하거나 다투지 못하는 데 비유한 것이며, 사자를 죽이는 것은 악마를 부수어 번뇌를 끊고 집착이 없게 된 데에 비유한 것이다.

66. 말로만 배를 잘 운전하는 사람

 옛날 어떤 장자의 아들이 여러 장사꾼들과 함께 보물을 캐러 바다로 갔다.
 장자의 아들은 바다에서 배를 다루는 방법을 잘 알고 있었다.
 만일 바다에 들어가 물이 돌거나 굽이치거나 거센 곳에서는 어떻게 배를 잡고 어떻게 바로 하며 어떻게 머물러야 하는지 등에 대해 자신있는 장자의 아들은 여러 사람들에게 말하였다.
 "바다에 들어가는 방법을 나는 다 안다."
 사람들은 그 말을 듣고 깊이 믿었다.
 바다 가운데 들어간 지 얼마 되지 않아 선장이 병으로 갑자기 죽었다. 그래서 장자의 아들이 그를 대신해서 일을 맡게 되었다.
 물이 굽이쳐 돌며 급히 흐르는 곳에 배가 이르렀을 때 그는 외쳤다.
 "배를 이렇게 잡고 이렇게 바로잡아야 한다."

그러나 배는 빙빙 돌기만 하고 앞으로 나아가지는 않았다.

그래서 보물이 있는 곳에 이르기도 전에 배 안의 모든 사람들이 물에 빠져 죽었다.

범부들도 그와 같다.

참선하는 법이나 숨길을 세는 법이나 또는 부정관(不淨觀)을 조금 익혀 비록 그 문자는 외우지만 이치나 갖가지 방법을 알지 못하면서도 스스로 잘 안다고 말한다.

그리하여 망령되이 선정의 법을 가르치니 앞의 사람을 미혹케 하고 어지럽혀 마음을 잃게 한다. 또한 법에 대한 해석이 뒤섞여 일생 동안 아무 소득도 없게 하니, 그것은 저 어리석은 사람이 남들을 바다에 빠져 죽게 하는 것과 같다.

67. 떡 하나 때문에 도둑맞은 부부

 옛날 어떤 부부가 떡 세 개를 가지고 서로 나누어 먹고 있었다. 각기 한 개씩 먹고 하나가 남았다. 그래서 서로 약속하였다.
 "누구든지 말을 하면 이 떡을 먹을 수 없다."
 이렇게 약속하고는 그 떡 하나 때문에 아무도 감히 말을 하지 못하였다.
 조금 있다가 도적이 그 집에 들어왔다. 도적은 그들의 재물을 모두 훔쳤다. 그러나 그들은 약속한 것이 있어 눈으로 보고도 말을 하지 않았다.
 도적은 그들이 말하지 않는 것을 보고 남편 앞에서 그 부인을 겁탈하려 했다. 그러나 남편은 그것을 보고도 말하지 않았다. 아내는 곧 '도적이야' 하고 외치면서 남편에게 말하였다.
 "이 어리석은 사람아, 어쩌면 떡 한 개 때문에 도적을 보고도 외치지 않습니까?"
 그 남편은 손벽을 치고 웃으면서 말하였다.

백유경

"아, 이제 이 떡은 내 것이다."
세상 사람들은 이 말을 듣고 모두 그들을 비웃었다.

범부들도 그와 같다.
조그만 이름이나 이익을 위하여 거짓으로 잠자코 고요히 있지만 헛된 번뇌와 갖가지 악한 도적의 침략을 받아 선법을 잃고 세 갈래 나쁜 길에 떨어지게 되면서도 조금도 두려워하지 않고 출세할 길만 구한다.
그래서 바로 다섯 가지 쾌락에 빠져 놀면서 아무리 큰 괴로움을 당하더라도 환란이라 생각지 않는다. 그것은 저 어리석은 남편과 다름이 없다.

68. 남을 해치려다 손해 본 사람

옛날 어떤 사람이 남을 미워하여 늘 시름에 잠겨 있었다. 한 사람이 그에게 물었다.

"너는 왜 늘 근심에 잠겨 있는가?"

그는 대답하였다.

"어떤 사람이 나를 몹시 헐뜯는데 힘으로는 그에게 보복할 수 없다. 어떻게 하면 보복할 수 있을지 그 방법을 모르겠다. 그래서 근심하는 것이다."

그 사람은 말하였다.

"비타라 주문(呪文)이라면 그를 해칠 수 있다. 그러나 다만 한 가지 걱정이 있다. 만일 그를 해치지 못하게 될 때 도리어 자기를 해치게 되는 것이다."

그는 이 말을 듣고 매우 기뻐하면서 말하였다.

"내게 가르쳐 주기만 하시오. 비록 나 자신을 해치는 일이 있더라도 반드시 그를 해치고야 말 것입니다."

세상 사람들도 그와 같다.

남을 해치기 위해 비타라 주문을 구하지만 끝내 해치지 못한다. 그것은 먼저 남을 미워하였기 때문에 도리어 자기를 해쳐, 지옥이나 아귀나 축생에 떨어지리니 저 어리석은 사람과 다를 것이 없다.

69. 음식을 급히 먹는 남편

옛날 어떤 사람이 북인도에서 남인도로 가서 거기서 오래 사는 동안에 그곳의 여자를 맞이하여 부부가 되었다.

어느 때 그 아내가 남편을 위해 음식을 차렸다. 남편은 급히 먹느라고 뜨거운 것도 생각지 않았다. 아내는 이상히 여겨 그 남편에게 말하였다.

"여기는 사람을 겁탈할 도적도 없는데 무슨 급한 일이 있어 그처럼 바쁘게 드십니까?"

남편은 대답하였다.

"비밀한 좋은 일이 있는데 당신에게는 말할 수 없소."

아내는 그 말을 듣고 이상한 일이 있으리라 생각하고는 간절히 물었다.

남편은 한참만에야 대답하였다.

"우리 조부 때부터 항상 음식을 빨리 먹는 법을 지켜 왔소. 나도 지금 그것을 본받기 위해 빨리 먹는 것이오."

　세상의 범부들도 그와 같다.
　바른 이치를 통달하지 못하여 선과 악을 알지 못하고 온갖 그릇된 일을 행하면서 부끄럽다고 생각하지 않는다. 그래서 '우리는 조부 때부터 이런 법을 행했다'고 하면서 죽을 때까지 끝내 그것을 버리지 않는다.
　그것은 어리석은 사람이 빨리 먹는 습관을 좋은 법이라 생각하는 것과 같다.

70. 과일을 일일이 맛보고 사는 사람

옛날 어떤 장자가 하인에게 돈을 주어 남의 농장에 있는 암바라 열매를 사 먹으려고 그에게 분부하였다.
"달고 맛난 것을 사오너라."
그 사람은 돈을 가지고 가서 과일을 사려고 하였다.
주인은 말하였다.
"우리집의 과일은 모두 맛나고 좋아 하나도 나쁜 것이 없다. 네가 하나 맛보면 알 것이다."
그는 맛본 뒤에 사기로 생각했다.
"나는 지금 하나하나 맛본 뒤에야 사겠소. 하나만을 맛보고 어떻게 알겠소."
그리고는 그는 곧 과일을 가져다 하나하나 맛본 뒤에 그것을 가지고 집으로 돌아왔다.
장자는 그것을 보고 나쁘다 하며 먹지 않고 전부 버렸다.

세상 사람들도 그와 같다.

'계율을 가지고 보시를 행하면 큰 부자가 되고, 몸은 항상 안락하여 어떤 병도 없다'는 말을 듣고도, 그것을 믿으려 하지 않고 말하기를, "보시로 복을 얻는다 하지만 내가 얻은 뒤에라야 믿을 수 있다"고 한다.

그러나 제 눈으로 '현세의 귀천과 빈궁이 모두 전에 지은 업의 결과임'을 보고도 그 하나를 미루어 인과를 구할 줄을 모른다.

따라서 그것을 믿지 않고 스스로 겪어보아야 한다고 하다가, 하루 아침에 목숨을 마치면 재물을 모두 잃고 마니, 그것은 저 하나씩 맛보고 산 과일을 모두 버리게 되는 것과 같다.

71. 두 아내 때문에 실명한 남자

옛날 어떤 사람에게 두 명의 부인이 있었다. 그런데 한 부인을 가까이하면 다른 한 부인이 화를 내기 때문에 어떻게 할 수가 없었다.

하는 수 없이 그 사람은 두 아내 중간에 몸을 누이고 자기로 약속하였다.

마침 큰 비가 내렸다. 집이 새어 물과 흙이 한꺼번에 내려와 그의 눈에 떨어졌다.

그러나 이미 한 약속이 있었기 때문에 감히 일어나 피하지 못하고 마침내 실명하고 말았다.

세상의 범부들도 그와 같다.

삿된 벗을 가까이하여 법이 아닌 것을 익히고 번뇌의 업을 짓다가, 세 갈래 나쁜 길에 떨어져 항상 생사에 살면서 지혜의 눈을 잃어버리고 만다. 그것은 마치 어리석은 남편이 두 아내 때문에 두 눈을 잃는 것과 같다.

72. 입이 찢어진 사람

옛날 어떤 사람이 처가에 갔다가 쌀 찧는 것을 보고 쌀을 훔쳐 한 입 넣었다. 그때 아내가 와서 그에게 말을 하였다. 그러나 남편은 입에 쌀이 가득 찼으므로 대답하지 못했다.

아내는 그가 말하지 않는 것을 이상히 여겨 손으로 어루만져보고, 분명히 입 안에 종기가 났다고 생각하고는 그 아버지에게 말하였다.

"저의 남편이 오자마자 갑자기 입 안에 종기가 나서 도무지 말을 하지 못합니다."

그 아버지는 곧 의사를 불러 고치게 하였다. 의사가 그의 입을 살펴보고 나서 말했다.

"이 병은 매우 중한 병입니다. 칼로 입을 째야 됩니다."

의사는 곧 칼로 입을 쨌다. 그 순간 쌀이 쏟아져 나와 그만 사실이 드러나고 말았다.

세상 사람들도 그와 같다.

온갖 악행을 짓고 깨끗한 계율을 범하고도 허물을 숨겨 두어 드러내기를 좋아하지 않다가 끝내 지옥이나 축생이나 아귀에 떨어진다.

그것은 마치 어리석은 사람이 조그만 창피 때문에 쌀을 토하려 하지 않아 칼로 입을 째어 그 허물이 드러나고 만 것과 같다.

73. 거짓말의 결과

　옛날 어떤 사람이 검은 말을 타고 전쟁터로 나아갔다. 그러나 적이 두려워 감히 싸우지 못하였다.
　그래서 얼굴에 피를 바르고 거짓으로 죽은 것처럼 꾸며 죽은 사람들 속에 누워 있었다.
　그가 탔던 말은 다른 사람이 가져 갔다.
　군사들이 모두 떠나자, 그도 흰 말꼬리를 베어 가지고 집으로 돌아왔다. 그가 집으로 돌아왔을 때 옆 사람이 그에게 물었다.
　"네가 탔던 말은 지금 어디에 있기에 걸어오는가?"
　그는 대답하였다.
　"내 말은 전쟁터에서 죽었다. 그래서 그 꼬리를 가지고 왔다."
　옆 사람이 말하였다.
　"네 말은 본래 검은 말인데 왜 흰꼬리인가?"
　그는 잠자코 대답이 없었다. 그래서 사람들은 그를 비웃었다.

세상 사람들도 그와 같다.

스스로 인자한 마음을 잘 닦아 행하므로 술이나 고기를 먹지 않는다고 말한다. 그러나 중생을 살해하고 온갖 고통을 주면서 망령되이 착하다고 한다. 그것은 마치 어리석은 사람이 말이 죽었다고 거짓말하는 것과 같다.

74. 거짓으로 목욕한 브라만

옛날 어떤 국왕이 새롭게 법을 제정하였다.
"어떤 브라만도 이 나라 안에서는 몸을 깨끗이 씻어야 한다. 만일 깨끗이 씻지 않은 사람이 있으면 갖가지 괴로운 일을 하게 하리라."
그때 어떤 바라문이 빈 물통을 들고 '깨끗이 씻었다'고 거짓으로 말하였다. 옆 사람이 그 물통에 물을 부어 주었다. 그러자 그는 그것을 쏟아 버리면서 말하였다.
"나는 깨끗이 씻지 않아도 좋습니다. 왕이나 깨끗이 씻으소서."
그는 깨끗이 씻었다고 하지만 사실은 씻지 않았던 것이다.

집을 떠난 범부도 그와 같다.
머리를 깎고 물들인 옷을 입고 속으로는 계율을 범하면서도 겉으로는 계율을 잘 지키는 체 꾸미는 것은, 자기의 이익을 바라고 또 왕의 노역을 피하려는 것이다.

그는 겉으로는 **슈라마나**와 같지만 속으로는 속이는 것이니 마치 빈 병을 들고 겉모양만 꾸미는 것과 같다.

∙∙∙∙∙∙∙∙∙∙∙∙∙∙
슈라마나 : 성문(聲聞)을 가리키는 말. 여기서는 그냥 수행자로 이해하는 것이 좋다.

75. 낙타와 독을 모두 잃은 사람

옛날 어떤 사람이 독 속에 곡식을 가득 담아 두었다. 하루는 낙타가 독에 머리를 넣고 곡식을 먹다가 그만 머리를 빼지 못하고 다 죽게 되었다. 그래서 그는 걱정을 하고 있었다.

어떤 노인이 와서 그에게 말하였다.

"너는 걱정하지 말라. 너에게 방법을 가르쳐 주리라. 만일 내 말대로 한다면 반드시 빨리 구해 낼 것이다. 너는 저 낙타의 머리를 베어라. 그러면 저절로 나오게 될 것이다."

그는 곧 그 말대로 칼로 낙타의 머리를 베었다. 그러자 그만 낙타도 죽고 또 독도 깨져 버렸다. 그리하여 세상 사람들의 웃음거리가 되었다.

어리석은 범부도 그와 같다.

마음으로 깨달음을 바라고 뜻으로 삼승(三乘)을 구하려면 마땅히 계율을 지키고 온갖 악을 막아야 하겠거늘 다섯 가지 욕심 때문에 깨끗한 계율을 깨뜨린다.

　이미 계율을 범하였으므로 삼승을 버린 것이다. 그래서 어떠한 악도 짓지 않음이 없으니 삼승과 깨끗한 계율을 모두 버리게 된다.

　그것은 마치 어리석은 사람이 낙타와 독을 한꺼번에 잃은 것과 같다.

・・・・・・・・・・・・・
　삼승(三乘) : 보살(菩薩)·연각(緣覺)·성문(聲聞) 곧 대승을 가리킨다.

76. 공주를 사모한 농부

　옛날 어떤 농부가 도시를 거닐다가 그 나라 공주의 얼굴을 보았다. 그래서 밤낮으로 사모하여 쌓이는 그리운 정을 막을 수가 없었다. 서로 정을 통할 것을 생각하였으나 어떻게 할 길이 없어 결국은 얼굴빛이 노래지면서 중한 병이 들었다.
　여러 친척들은 그것을 보고 물었다.
　"왜 그렇게 됐느냐?"
　그는 대답하였다.
　"나는 지난번에 공주의 아름다운 얼굴을 보고 서로 정을 통할 것을 생각하였으나, 뜻대로 되지 않아 그만 병이 되었습니다. 만일 내가 이 뜻을 이루지 못하면 틀림없이 죽을 것입니다."
　친척들은 말하였다.
　"우리가 너를 위해 좋은 방법을 써서 그를 얻도록 할 것이니 걱정하지 말라."
　그 뒤에 그들은 다시 와서 그에게 말하였다.

"우리가 너를 위해 일을 되게끔 하였다. 다만 공주가 정을 통하고 싶어 하지 않는다."

그는 이 말을 듣고 웃으면서 말하였다.

"틀림없이 될 것이다"고.

세상의 어리석은 사람들도 그와 같다.

춘·하·추·동 시절을 분별하지 않고, 겨울에 종자를 뿌려 그 열매를 얻고자 한다면, 온갖 공만 헛되고 아무 소득이 없을 것이니, 싹이나 줄기나 가지나 잎을 모두 잃게 될 것이다.

세상의 어리석은 사람들은 조그만 복을 짓고, 모든 것을 갖추었다고 생각하며, 또 깨달음을 이미 증득하였다고 생각한다.

그러나 그것은 농부가 공주를 바라는 것과 같다.

77. 나귀의 젖을 짜 마신 사람들

 옛날 변방에 있는 사람들은 나귀를 알지 못하고 다만 다른 사람들이 '나귀의 젖은 매우 맛있다'라고 하는 말만 들었을 뿐이었다.
 그때 그들은 수나귀 한 마리를 얻어 그 젖을 짜려고 서로 다투어 붙잡았다. 그 중에 어떤 이는 머리를 붙잡고 어떤 이는 귀를 붙잡고 어떤 이는 꼬리를 붙잡고 어떤 이는 다리를 붙잡았다.
 또 어떤 이는 그릇을 들고 먼저 젖을 짜 마시려고 하였다.
 그 중에 어떤 이가 나귀의 생식기를 붙잡고 "이것이 젖이다"고 외쳤다.
 그들은 그것을 짜면서 젖을 얻기를 바랐다. 그러나 그들은 지치기만 하고 아무것도 얻지 못하였고 한갓 수고만 하였다. 그리하여 세상 사람들의 비웃음을 받았다.

 외도의 범부들도 그와 같다.

도(道)라는 말을 듣고는 구할 곳에서 구하지 않고, 망령되이 잡 생각을 내고 갖가지 삿된 소견을 일으켜 발가벗기도 하고 스스로 굶기도 하며 혹은 높은 바위에서 떨어지거나 불에 몸을 던지기도 한다. 그리하여 삿된 소견으로 나쁜 길에 떨어지는 것이 마치 어리석은 사람이 망령되이 나귀 젖을 구하는 것과 같다.

78. 아버지와 아들의 약속

옛날 어떤 사람이 밤에 그 아들에게 말하였다.
"내일 아침에 너와 함께 저 마을에 가서 거기 있는 것을 가져오자."
아이는 그 말을 듣고 이튿날 아침 아버지에게 묻지도 않고 혼자서 그 마을로 갔다. 그곳까지 가자 몸은 극히 피곤하였고 아무 소득이 없었다. 또 밥을 먹지 못해 주리고 목말라 거의 죽을 것 같았다. 그래서 바로 집으로 돌아와 아버지를 찾았다.
아버지는 아들이 오는 것을 보고 매우 나무랐다.
"이 미련하고 무지한 것아, 왜 나를 기다리지 않고 공연히 갔다 왔다 하여 한갓 수고만 하고, 모든 세상 사람들의 비웃음을 받느냐?"

범부들도 그와 같다.
비록 집을 떠나게 되어 머리와 수염을 깎고 법복을 입더라도 밝은 스승을 찾아 배우지 않고, 온갖 선정과

도품의 공덕을 잃고 수행의 묘한 결과를 모두 잃어버린다.

  그것은 마치 어리석은 사람이 헛되이 갔다 왔다 하면서 스스로 지치기만 하는 것처럼, 형상은 비록 슈라마나 같더라도 실은 아무 소득이 없다.

79. 서른 여섯 개의 상자를 짊어진 신하

 옛날 한 왕이 무우원(無憂園)에 들어가 즐겁게 놀기 위하여 어떤 신하에게 말하였다.
 "그대는 궤짝 하나를 들고 저 동산으로 가서, 내가 앉아 쉴 수 있게 하라."
 신하는 남 보기에 창피스러워 들려고 하지 않고 왕에게 아뢰었다.
 "저는 들 수가 없습니다. 지고 가겠습니다."
 그래서 왕은 곧 서른 여섯 개의 궤짝을 그의 등에 지우고 그를 재촉하여 동산으로 갔다.

 범부들도 그와 같다.
 여자의 털 하나가 땅에 떨어진 것을 보고 스스로 말하기를, "나는 계율을 지킨다"고 하며 그것을 집으려 하지 않는다. 그러다가 그 뒤에 번뇌에 홀리어, 서른 여섯 가지 물건, 즉 털, 손·발톱, 이, 똥·오줌 따위의 더러운 것도 더럽다 하지 않는다.

그리하여 서른 여섯 가지 더러운 물건을 한꺼번에 전부 붙잡고도 부끄러워하는 생각이 없이 죽을 때까지 놓지 않는다. 그것은 마치 어리석은 사람이 궤짝을 지는 것과도 같다.

80. 엉뚱한 약을 먹은 사람

옛날 어떤 사람이 변비가 심하였다. 의사가 보고 이렇게 말하였다.
"관장을 하여야 나을 것이다."
그 사람은 관장할 준비를 하고 관장하려 했다.
의사가 오기 전에 그 사람은 약을 먹고서 배가 불러 죽을 것 같이 어쩔 줄 몰라 했다.
의사가 그 까닭을 이상히 여겨 그에게 물었다.
"왜 그러는가."
그는 대답하였다.
"아까 그 관장약을 먹었습니다. 그런데 배가 불러 죽을 것 같습니다."
의사는 그 말을 듣고 매우 나무라면서,
"너는 너무 어리석어 아무 방편도 모르는구나."
그리고는 곧 다른 약을 먹여 토하게 한 뒤에야 나았다. 그리하여 이 어리석은 사람은 세상 사람의 웃음거리가 되었다.

범부들도 그와 같다.

선관(禪觀)의 갖가지 방법을 닦으려 할 때 부정관(不淨觀)을 익혀야 할 것을 도리어 수식관(數息觀)을 익히고 수식관을 익혀야 할 것을 도리어 육계(六界)를 관한다. 그리하여 위·아래를 뒤바꿔 근본이 없이 한갓 신명만 허비하여 그 때문에 지치게 된다.

좋은 스승에게 묻지 않고 선법(禪法)을 뒤바꾸어 보는 것은 어리석은 사람이 더러운 것을 먹는 것과 같다.

81. 선인(仙人)을 보고 활을 쏜 아버지

 옛날 한 아버지와 아들이 같이 길을 가게 되었다. 아들이 숲에 들어갔다가 곰을 만났다. 아들은 곰 발톱에 몸이 찢기어 황급히 숲을 나와 아버지가 있는 곳으로 돌아왔다.
 아버지는 아들의 몸이 몹시 상한 것을 보고 이상히 여겨 물었다.
 "너는 어째서 그런 상처를 입었느냐?"
 아들은 대답하였다.
 "몸의 털이 긴 어떤 동물이 와서 나를 해쳤습니다."
 아버지는 곧 활을 가지고 숲으로 가서 털이 긴 어떤 선인(仙人)을 보고 활을 쏘려 하였다.
 옆 사람이 물었다.
 "왜 그를 쏘려 하십니까? 저 사람은 아무 해가 없습니다. 허물이 있으면 다스려야 합니다."

 세상의 어리석은 사람들도 그와 같다.

비록 그가 법복을 입고 무도한 자에게 모욕을 당하였다 하더라도, 함부로 선량하고 덕이 있는 사람을 해치면 그것은 곰이 그 아들을 해쳤다 하여 아버지가 억울한 선인을 해치려 하는 것과 같다.

82. 두 개의 다리를 여덟 개로 늘린 농부

옛날 어떤 농부가 고향에 갔다가 보리싹이 무성하게 자라는 것을 보고 그 주인에게 물었다.
"어떻게 보리를 이렇게 무성하게 키웠는가?"
주인은 대답하였다.
"땅을 편편하게 고르고 거기에 분뇨와 물을 주었기 때문에 이렇게 되었다."
그는 곧 그대로 물과 똥을 밭에 주고, 거기에 종자를 뿌리려 하였다. 그러다가 문득 제 발로 땅을 밟아 땅이 딱딱해져서 보리가 나지 않을까 걱정되었다.
"나는 평상에 앉아 사람을 시켜 메게 하고, 그 위에서 종자를 뿌리는 것이 좋겠다."
그리하여 곧 네 사람을 시켜 한 사람이 평상 다리 하나씩 들게 하고 밭에 가서 종자를 뿌렸다. 그러자 땅은 더욱 단단해졌다.
그는 보리가 나지 않을까 염려되어 두 개의 발을 여

덟 개로 늘렸다.

  사람들은 모두 그를 비웃었다.

  범부도 그와 같다.
  이미 계율의 밭을 다루어 장차 좋은 싹을 나게 하려면, 마땅히 스승에게 나아가 묻고 그 훈계를 받아야 하는데, 도리어 그것을 어기고 온갖 악을 많이 지어 계율의 싹을 나지 않게 하니, 그것은 마치 어리석은 사람이 두 개의 발을 두려워하여 도리어 여덟 개로 늘린 것과 같다.

83. 어린애를 미워한 원숭이

　옛날 어떤 원숭이가 어른에게 매를 맞았으나 어찌할 수가 없어 도리어 그 집 어린애를 원망하였다.

　어리석은 범부들도 그와 같다.
　먼저 남의 미움을 받으면 그 뒤 계속하여 보복하니, 이미 과거에 사라졌던 것이 뒤에 생기는 일까지 계속된다. 그것은 이른바 앞의 사람이 망령되이 성을 내면 그 독이 더욱 깊어 가는 것과 같으니, 마치 저 어리석은 원숭이가 어른에게 매를 맞고 도리어 어린애를 미워하는 것과 같다.

84. 월식할 때 개를 때리는 비유

옛날 아수라왕이 해와 달이 밝고 깨끗한 것을 보고 손으로 그것을 가리어 버렸다.
무지한 사람들은 그것을 월식으로 알고 아무 죄 없는 개를 제멋대로 때렸다.

범부도 그와 같다.
탐욕과 성냄과 어리석음으로써 이유 없이 제 몸을 괴롭힌다. 그리하여 가시밭 위에 눕기도 하고 다섯 가지 뜨거운 것으로 몸을 지지기도 한다.
그것은 마치 월식할 때 죄없는 개를 때리는 것과 같다.

85. 눈병이 무서워 눈을 없애버린 사람

옛날 어떤 여자가 심한 눈병을 앓고 있었다. 그와 친한 어떤 여자가 그에게 물었다.
"너는 왜 눈병을 앓는가?"
그는 대답하였다.
"나는 눈이 있으므로 눈병을 앓는다."
그 여자는 다시 말하였다.
"눈이 있으면 반드시 눈병을 앓는 법이다. 그렇다면 비록 아직은 눈병을 앓지 않지만 나는 내 눈을 도려 내고자 한다. 나중에 눈병을 앓을까 걱정이 되기 때문이다."
옆 사람이 말하였다.
"눈이 있으면 눈병을 앓을 수도 있고 앓지 않을 수도 있다. 그러나 눈이 없으면 목숨이 다할 때까지 언제나 앓을 것이다."

어리석은 범부도 그와 같다.

'부귀란 쇠하고 걱정되는 것이니 보시하지 않으면 뒤에 그 갚음을 받을까 두려워한다'는 말을 듣고, 재물이 넘쳐 흘러 거듭 고통을 받는다.

그때에 어떤 사람이 그에게 말한다.

"만일 네가 보시하지 않으면 빈궁하여 크게 괴로울 것이다."

그것은 마치 여자가 눈병을 걱정하여 그 눈을 도려내려는 것과 같다.

86. 귀고리 때문에 아들의 목을
잘라버린 아버지

 옛날 어떤 아버지와 아들이 일이 있어 함께 길을 갔다. 길에서 갑자기 도적이 나타나 그들이 가진 것을 빼앗으려고 하였다.
 그런데 아들의 귀에는 순금 귀고리가 있었다. 아버지는 도적이 갑자기 나타나는 것을 보고 귀고리를 잃을까 두려워하여 곧 손으로 귀고리를 당겼으나 떨어지지도 않고 귀가 찢어지지도 않았다. 그래서 아버지는 곧 아들의 머리를 베어 버렸다.
 조금 뒤에 도적은 떠났다. 그는 아들의 머리를 다시 그의 목에 붙이려 했으나 본래대로 되지 않았다. 그래서 그 어리석은 사람은 세상의 웃음거리가 되었다.

 범부들도 그와 같다.
 이름과 이익을 위하여 실없는 주장을 세운다.
 '두 세상이 있다, 두 세상이 없다, 중음(中陰)이 있다,

중음이 없다'고 하여 갖가지로 망상을 내고 법의 진실을 얻지 못한다.

그때 다른 사람이 법다운 논리로써 그의 주장을 부수어 버리면 그는 곧 "우리 주장 가운데는 그런 말이 없다"고 한다.

그런 어리석은 사람은 조그만 이름과 이익을 위하여 일부러 거짓말을 하여 수행의 도과(道果)를 잃고, 몸은 허물어지고 목숨을 마친 뒤에는 세 갈래 나쁜 길[삼악도]에 떨어진다.

그것은 마치 어리석은 사람이 조그만 이익을 위하여 아들의 머리를 베는 것과 같다.

••••••••••

중음(中陰) : 극락이나 지옥 중에서 아직 어느 곳에 태어날지 결정되지 않은 사람.

87. 도둑이 훔친 재물

 옛날 어떤 도적 떼가 함께 도적질을 하여 많은 재물을 훔쳤다. 그들은 그것을 서로 똑같이 나누려고 하였다. 빛깔이 좋지 못한 보물 하나가 있었는데 그들은 그것을 제일 나쁜 것으로 생각하여 제일 못난 사람에게 주었다.
 못난 사람은 그것을 받고 몹시 화를 내었다.
 "큰 손해다."
 이렇게 화를 낸 그는 그것을 가지고 성 안에 들어가 팔았다. 성 안의 부귀한 장자들이 그에게 값을 비싸게 쳐 주었다. 그 사람이 얻은 것이 여러 사람들이 얻은 것의 배나 되었다. 그제야 그는 한없이 기뻐하며 날뛰었다.

 그것은 마치 세상 사람들이 보시의 공덕을 알지 못하고 작은 보시를 행하였다가 천상에 나게 되어 한량 없는 즐거움을 받고는 비로소 널리 보시하지 못한 것을 후회하는 것과 같다.

 저 사람이 뒤에 많은 값을 받고서야 비로소 기뻐하는 것처럼 보시도 그와 같아서, 조금 행하고 많이 얻고서야 비로소 기뻐하며 더 많이 하지 않은 것을 한탄한다.

88. 한 개의 콩 때문에 많은 콩을 잃은 원숭이

옛날 원숭이 한 마리가 콩 한 줌을 들고 있다가 잘못하여 한 개를 땅에 떨어뜨렸다. 그는 곧 손에 쥐었던 콩을 버리고 땅에 떨어진 한 개를 찾으려 하였다. 그러나 그 한 개도 찾지 못하고 먼저 버린 콩은 닭과 오리가 모두 먹어 버렸다.

집을 떠난 범부도 그와 같다.
처음에는 한 가지 계율을 범하고도 후회하지 않는다. 후회하지 않기 때문에 방일은 더욱 더 뻗어가서 모든 것을 버리게 된다.
그것은 마치 원숭이가 콩 한 개 때문에 콩 모두를 버리는 것과 같다.

89. 금족제비와 독사

옛날 어떤 사람이 길을 가다가 금족제비 한 마리를 얻고는 몹시 기뻐하여 그것을 품 안에 품고 갔다. 마침 강에 이르러 물을 건너려고 옷을 벗어 땅에 두었더니 그것은 이내 변해 독사가 되었다.

그는 가만히 생각하였다. '차라리 독사에게 물려 죽더라도 꼭 품에 안고 가리라'고.

그의 지극한 마음에 감동되어 독사는 도로 금으로 변하였다.

옆에 있던 어떤 어리석은 사람이 독사가 순금으로 변하는 것을 보고, 항상 그런 줄 알고 자신도 독사를 잡아 품 속에 품었다가 그만 독사한테 물려 목숨을 잃고 말았다.

세상의 어리석은 사람도 그와 같다.

남이 좋은 이익을 얻는 것을 보고 속에는 진실한 마음이 없으면서도 다만 이익을 위하여 불법에 와서 붙는다. 그리하여 목숨을 마친 뒤에 나쁜 곳에 떨어지는 것이니 독사를 품었다가 물려 죽는 것과 같다.

90. 돈 주머니를 얻은 사람

옛날 어떤 가난한 사람이 길을 가다가 우연히 돈뭉치를 주웠다. 그는 매우 기뻐하며 그것을 세어 보았다. 그러나 미처 다 세기 전에 갑자기 그 주인이 나타나서 그것을 모두 도로 빼앗아 갔다. 그리하여 그는 빨리 가버리지 않은 것을 후회하면서 안타까운 나머지 심정이 매우 괴로웠다.

부처님의 법을 만난 사람도 그와 같다. 비록 세 보배〔三寶〕의 복밭을 만났더라도 부지런히 선한 법을 닦아 행하지 않다가, 갑자기 목숨을 마치고는 세 갈래 나쁜 길〔삼악도〕에 떨어진다.
그것은 마치 어리석은 사람이 주인에게 도로 돈을 빼앗기는 것과 같다.

오늘은 이 일을 경영하고
내일은 저 일을 만들면서

즐겨 집착하여 괴로움을 못 보다가
죽음의 도적이 오는 것을 깨닫지 못한다.

총총히 갖가지 일하는 것
범부로서 누구나 그러하거니
마치 돈을 세는 사람처럼
범부의 하는 일도 그러하니라.

91. 가난한 사람의 헛된 욕심

옛날 어떤 가난한 사람이 재물을 조금 가지고 있었는데 큰 부자를 보고 그와 같은 재물을 갖고자 하였다. 그러나 뜻대로 되지 않자 그 조그만 재물마저 물 속에 버리려고 하였다.

옆 사람이 그에게 물었다.

"그 재물이 비록 적지만 늘릴 수도 있다. 그대의 앞날은 아직 멀었는데 왜 그것을 물 속에 버리려고 하는가?"

세상의 어리석은 사람들도 그와 같다.

마음에 바라는 것은 항상 부족을 느낀다. 그러나 덕이 높은 이만큼 이익을 얻지 못한다.

나이 많고 덕이 있는 사람이 많은 사람들로부터 공양을 받는 것을 보고, 생각으로 그이와 같이 되었으면 한다. 그러나 그와 같이 되지 못하기 때문에 마음 속으로 괴로워하다가 그만 닦기를 집어치운다.

그것은 마치 어리석은 사람이 부자와 같이 되려고 하다가, 자기가 가진 재물마저 버리는 것과 같다.

92. 환희환을 먹은 어린 아이

옛날 어떤 유모(乳母)가 아이를 데리고 길을 가다가 너무 지쳐 그만 잠이 들고 말았다.

그때 어떤 사람이 가졌던 환희환(歡喜丸)을 어린 아이에게 주었다. 어린 아이는 그것을 먹고 그 맛에 빠져 그만 제 몸이나 물건을 돌아볼 줄 몰랐다.

그 사람은 곧 아이의 족집게와 패물과 구슬과 옷을 모두 벗겨 가지고 달아났다.

비구도 그와 같다.

온갖 일이 번거로운 곳에 즐겨 살면서 조그만 이익을 탐하다가, 번뇌의 도적에게 공덕과 계율의 보배구슬을 빼앗긴다.

그것은 마치 어린 아이가 작은 맛을 탐하기 때문에 가졌던 모든 물건을 빼앗기는 것과 같다.

93. 곰에게 붙잡힌 노파의 꾀

옛날 어떤 노파가 나무 밑에 누워 있었다. 그때 곰이 와서 그 노파를 치려 하자, 노파는 큰 나무 주위를 빙빙 돌며 달아났다. 곰은 곧 뒤를 쫓아와 한 손으로 나무를 붙들고 한 손으로는 노파를 잡으려 하였다. 노파는 급하여 나무에다 곰의 두 손을 한꺼번에 눌러버렸다. 곰은 꼼짝하지 못했다.

마침 다른 사람이 그곳에 왔다.

노파는 그에게 말하였다.

"너도 나와 함께 이 놈을 잡아서 고기를 나누자."

그는 노파의 말을 믿고 곰을 붙잡았다. 그러자 노파는 곰을 버리고 달아나고 그 사람은 결국 곰에게 곤욕을 당하였다. 그리하여 그 어리석은 사람은 세상의 웃음거리가 되었다.

범부도 그와 같다.

온갖 다른 학설을 만드는 것도 좋지 않은데 그 문장

까지 번거로우며 또 여러 가지 병이 많아 마침내 완성치 못하고 그것을 버리고 목숨을 마친다.

뒷 사람들이 그것을 붙들고 해석하려 하나 그 뜻을 알지 못하여 도리어 고생만 한다. 그것은 마치 어리석은 사람이 남을 대신해 곰을 붙잡았다가, 도리어 스스로 해를 입은 것과 같다.

94. 마니구멍의 비유

　옛날 어떤 사람이 남의 아내와 정을 통하고 있었다. 아직 일을 마치기 전에 그 남편이 밖에서 오다가 그것을 알고, 문 밖에 서서 그가 나오기를 기다려 죽이려고 하였다.
　부인은 그 사람에게 말하였다.
　"우리 남편이 이미 알고 있어 따로 나갈 데가 없습니다. 오직 저 '마니(수채구멍)'로만 나갈 수 있습니다."
　그러나 그 사람은 그 '마니'를 '마니주(摩尼珠)'로 잘못 알고 마니주를 찾았으나 찾을 수가 없었다.
　그리하여 그는 이렇게 생각했다.
　'마니주를 찾지 못하면 나는 결코 나가지 않을 것이다.'
　그러다가 그만 그 남편에게 붙잡혀 죽고 말았다.

　범부들도 그와 같다.
　어떤 사람이 말하였다. "나고 죽는 동안은 언제나 덧

없음과 괴로움과 공(空)과 '나' 없음이 있다. 거기서 있다, 없다의 두 가지 치우친 견해를 떠나서 중도(中道)에 살면서 그것을 지나야만 해탈을 얻을 수 있다."

범부들은 그 말을 잘못 해석하여, '세계는 한정이 있는가 한정이 없는가, 중생은 〈나〉가 있는가 〈나〉가 없는가?'라고 생각한다.

그러다가 마침내 중도의 이치를 보지 못하고 갑자기 덧없이 죽어, 세 갈래 나쁜 길에 떨어진다.

그것은 마치 어리석은 사람이 '마니'를 찾다가 남에게 붙잡혀 죽는 것과 같다.

95. 어리석은 수비둘기

 옛날 암·수 두 마리의 집비둘기가 한 둥우리에 살면서 익은 과실을 가져다 둥우리에 채워 두었다.
 그 뒤 과실이 말라 차츰 줄어들어 반 둥우리밖에 남지 않았다.
 수컷은 성을 내며 암컷에게 말하였다.
 "과실을 모으느라고 얼마나 애를 썼는데 왜 혼자서 먹고 반만 남았느냐?"
 암컷이 대답하였다.
 "나는 먹지 않았습니다. 과실이 저절로 줄어들었습니다."
 그러나 수컷은 믿지 않고 성을 내어 암컷을 보고 말했다.
 "네가 혼자 먹지 않았으면 왜 줄어들었겠느냐."
 수컷은 곧 주둥이로 암컷을 쪼아 죽였다.
 며칠이 지나지 않아 큰 비가 내려, 과실은 차츰 불어나 전과 같이 되었다.

수컷은 그것을 보고 비로소 후회하였다.
"실은 그가 먹은 것이 아니었는데 내가 망령되이 그를 죽였다"고.
수컷은 곧 슬피 울면서 암컷을 불렀다.
"너는 어디로 갔느냐."

범부들도 그와 같다.
뒤바뀐 생각을 마음에 품고 망령되이 쾌락을 누리면서, 덧없음을 보지 않고 중한 계율을 범하다가 뒤에 가서 후회하지만 어쩔 수가 없다. 그리하여 슬피 탄식하였으니 그것은 어리석은 비둘기와 같다.

96. 제 눈을 멀게 한 장인

 옛날 어떤 장인(匠人)이 왕을 위해 일을 하다가 괴로움을 견디지 못하여, 거짓으로 눈이 멀었다 하여 겨우 괴로움에서 벗어났다.
 다른 장인이 그 말을 듣고, 스스로 제 눈을 다치게 하여 괴로운 노역을 피하려 하였다.
 옆 사람이 그에게 물었다.
 "너는 왜 스스로 눈을 상하게 하여 공연히 고통을 받는가."

 범부들도 그와 같다.
 조그만 명예와 이익을 위하여 일부러 거짓말로 깨끗한 계율을 깨뜨리다가, 목숨을 마친 뒤에는 세 갈래 나쁜 길에 떨어진다.
 그것은 마치 저 어리석은 사람이 조그만 이익을 위하여 스스로 제 눈을 상하게 한 것과 같다.

97. 비단옷과 순금을 모두 빼앗긴 사람

　어느 날 두 사람이 짝이 되어 넓은 들판을 함께 가다가 한 사람은 도중에서 한 벌의 비단옷을 도적에게 빼앗기고, 또 한 사람은 도망쳐 풀 속으로 들어갔다.
　옷을 빼앗긴 사람은 일찍이 그 옷 끝에 금전 한 푼을 싸 두었었다.
　그래서 그는 도적에게 말하였다.
　"이 옷은 금전 한 푼 값에 해당한다. 지금 금전 한 푼을 줄 것이니 이 옷과 바꾸자."
　도적은 말하였다.
　"그 돈이 지금 어디 있는가."
　그는 그 옷 끝을 풀어 금을 내어 보이면서 말하였다.
　"이것이 바로 그 순금이다. 만일 내 말이 믿어지지 않거든 지금 이 풀 속에 훌륭한 금사(金師)가 있으니 가서 물어 보라."
　도적은 금과 옷을 모두 가져 갔다. 그리하여 어리석은 사람은 옷과 금을 모두 잃었다. 그리고 제 이익만 잃은 것이 아니라, 또 남도 잃게 하였다.

  범부도 그와 같다.
  도를 닦아 행하고 온갖 공덕을 지었다가, 번뇌라는 도적에게 겁탈당하여 그 선법도 잃고 온갖 공덕도 잃고 만다. 그리고 또 제 이익만 잃는 것이 아니라 남의 이익도 잃게 한다.
  그리하여 몸이 허물어지고 목숨이 끝난 뒤에는 세 갈래 나쁜 길에 떨어지나니, 마치 저 어리석은 사람이 이것 저것을 모두 잃는 것과 같다.

98. 어린 아이가 큰 거북을 얻은 비유

옛날 어떤 아이가 육지에서 놀다가 큰 거북이 한 마리를 얻었다. 그것을 죽이고 싶었으나 그 방법을 알지 못하여 어떤 사람에게 물었다.
"어떻게 죽입니까?"
그 사람은 말하였다.
"그것을 물 속에 던져 두어라. 그러면 곧 죽을 것이다."
아이는 그 말을 믿고 그것을 물 속에 던졌다. 그러나 거북이는 물을 얻어 곧 달아났다.

범부들도 그와 같다.
여섯 가지 감관을 지켜 갖가지 공덕을 닦으려 하지만 그 방법을 알지 못하여 어떤 사람에게 묻는다.
"어떻게 해야만 해탈을 얻을 수 있느냐."
삿된 소견을 가진 외도와 악마와 또 나쁜 벗은 그에게 말한다.

"너는 그저 여섯 가지 경계를 뜻대로 받아들이고 다섯 가지 욕심을 마음대로 즐겨라. 내 말대로 하면 반드시 해탈을 얻을 것이다.

그리하여 그 사람은 깊이 생각하지도 않고 곧 그 말을 따르다가, 몸이 허물어지고 목숨이 끝난 뒤에는 세 갈래 나쁜 길에 떨어지나니, 마치 저 어린애가 거북이를 물 속에 던지는 것과 같다.

내가 이제 이 논(論)을 짓노니
우화같은 말이 한 데 뒤섞여
진실하고 바른 말을 손상시킨 것 같지만
읽는 이는 잘 관찰하라.

마치 쓰고 독한 약물(藥物)을
달콤한 꿀에 섞으면
그 약은 온갖 병을 낫게 하는 것처럼
이 논도 또한 그와 같다.

바른 법 가운데 우스개 이야기는
비유하면 마치 저 미친 약과 같다.

부처님의 바른 법은 극히 고요해
이 세상을 밝게 비추어 주나니

마치 소화제를 먹은 것 같아서
우유처럼 몸 속을 부드럽게 한다.

나는 지금 이런 이치로
마음을 파헤쳐 극히 고요하게 한다.

그것은 마치 저 아가다 약을
나뭇잎에다 싼 것 같아서
약으로 상처를 치료한 뒤에는
그 나뭇잎은 버려야 한다.

우스개 말은 겉에 싼 잎과 같고
진실한 이치는 그 속에 있나니
지혜로운 사람은 바른 이치를 취하고
우스개 말은 버려야 한다.

　존자(尊者) 상가세나(僧伽斯那)는 어리석은 꽃목걸이를 지어 마친다.

백유경 해설

　백유경(百喩經)은 백구비유경(百句譬喩經), 또는 백구비유집경(百句譬喩集經)이라고 한다. 5세기경 인도의 승 상가세나(Sanghasena, 僧伽斯那)가 지었고, 그의 제자 구나부릿디(Gunavrddhi, 求那毘地)가 서기 492년에 한역(漢譯)한 경전이다.
　백유경은 백 가지의 교훈적인 비유를 모은 경전이다(사실은 98개의 이야기로 엮어져 있다). 각 이야기는 먼저 우화같은 이야기가 나오고, 이어서 상가세나의 해설이 등장하는 구성으로 되어 있지만, 사실은 앞부분의 비유는 뒷부분의 상가세나의 설명을 뒷받침하기 위한 것에 불과하다.
　이 백유경의 비유들은 단순히 우스개 이야기로만 구성된 것이 아니다. 백 가지의 이야기 속에는 매우 교훈적인 내용이 포함되어 있어 불교인뿐만 아니라 일반인들에게도 마음의 양식과 생활의 지혜를 심어주는 명구 같은 가르침이 많다.
　백유경 속에 등장하는 이야기는 대부분 '자기의 이익

이나 명예에 눈이 어두운 나머지 스스로를 망쳐버리는 어리석은 사람들에 대한 이야기'이다. 다음에는 논리만 앞세운 '말많은 외도(外道)들을 경책하는 이야기', 그리고 '청정한 계율과 부처님의 가르침을 강조하는 이야기', '진정한 자기를 찾아서 수행을 게을리하지 말 것을 당부하는 이야기' 등 우리의 삶과 인생에 대한 수많은 교훈적인 이야기를 비유를 들어 설명하고 있다.

특히 67번째 '떡 하나 때문에 도둑맞은 부부'의 비유는 부부가 떡 하나 때문에 도둑이 들어와도 입을 다문 채 말을 하지 않자 화가 난 부인이 어리석은 남편을 꾸짖었다는 내용으로서 작은 것에 탐착하여 큰 어리석음을 범하는 이들에 대한 경책이다. 또한 예쁜 코로 바꾸고자 사랑하는 부인의 코를 자른 어리석은 남편의 이야기(28번째 비유), 뱀의 머리와 꼬리가 서로 앞장 서 가겠다고 싸우다가 결국 꼬리가 앞장 서 가는 바람에 그만 불구덩이에 떨어져 죽은 뱀의 이야기(54번째 비유) 등은 모두 우화같은 이야기이지만 사실은 매우 교훈적이고 해학적인 비유가 아닐 수 없다.

그렇다면 이와같은 백유경을 편찬한 상가세나는 어떤 스님이었을까? 백유경에서 느껴지는 상가세나는 원만하면서도 계율을 지키는 청정한 불제자였던 것 같다. 98개의 비유가 끝나고 찬자인 상가세나는 이 경을 찬술한 이유와 어떻게 이 경을 읽을 것인가에 대하여 시구 형식으로 이야기하고 있다. 그는 "내가 이제 이 논을 지으면서 우스개 이야기를 많이 해 부처님의 가르침을 해친 것 같지만 나뭇잎을 싼 아가다 약(진실)처럼 약을 상처에 바른 뒤에는 나뭇잎(우스개 말)은 버려야 한다"고 당부하고 있는 점에서 자칫 진실은 보지 못한 채 우스개스런 이야기에 혼동되지 않을까 염려하고 있다.

상가세나의 마지막 당부처럼 여기에 등장하는 우화 같은 이야기, 우스개 이야기는 모두 어리석은 중생들, 특히 외도들을 이해시키고자 만들어 낸 하나의 방편에 불과하고 진실은 명예나 작은 이익에 눈이 어두우면 결국 스스로를 망치게 된다는 것과 그리고 당시 궤변과 지나친 말재주로 입씨름만 하는 이교도(異敎徒) 및 괴팍한 수행자들의 편협된 생각을 지적하고 바로잡는 데 있다고 볼 수 있다. 이렇게 본다면 당시 꽤나 궤변론자들이 많았던 것 같다.

상가세나가 어떤 스님이었는지는 전혀 알 수 없다. 그는 다만 뛰어난 불제자로서 부처님을 진정으로 존경하고 흠모했던 선지식이라고 보여진다. 그것은 백 가지 비유의 곳곳에서 부처님의 가르침을 따라 어느 한쪽에 치우치지 말고 선(善)한 삶을 살아갈 것을 누누히 당부하고 있는 데에서도 어느 정도 짐작할 수 있다.

상가세나가 백유경을 편찬하고, 이어 그의 제자 구나

브릿디는 서기 492년에 이를 한역(漢譯)한다. 제자 구나브릿디의 몰년(沒年)이 502년인 것으로 보아 상가세나도 그 무렵의 사람이 아니었을까 생각된다. 어쨌든 상가세나는 다행히 뛰어난 제자를 만나 백유경과 함께 동아시아 한문화권의 불교 여러 나라에 전해지게 되었다.

역자 씀

역자소개 : 현 각

해인사 강원 졸업.
동국대 불교대 승가학과 졸업.
현재 원주 성불원 원장이며
선우도량 실행위원이다.

불교경전 ⑩

백 유 경

1994년 5월 30일 초판 1쇄 발행
2016년 1월 30일 초판 8쇄 발행

옮긴이 — 현 각
펴낸이 — 윤 재 승
ⓒ펴낸곳 — 민 족 사

등록 제1-149호, 1980. 5. 9.
서울 종로구 삼봉로 81 두산위브파빌리온 1131호
전화 (02) 732-2403~4, 팩스 (02) 739-7565
E-mail / minjoksabook@naver.com
홈페이지 / www.minjoksa.org

값 9,500원

ISBN 978-89-7009-177-7 04220

• 경전은 부처님의 말씀입니다.
• 경전을 소중히 합시다.